小学生21天高效学习法

唤醒孩子的学习脑

王轩 主编

数学思维训练营

黑龙江科学技术出版社
HEILONGJIANG SCIENCE AND TECHNOLOGY PRESS

图书在版编目（CIP）数据

小学生高效学习法 ： 21 天唤醒孩子的学习脑． 数学思维训练营 / 王轩主编． -- 哈尔滨 ： 黑龙江科学技术出版社， 2024.3

ISBN 978-7-5719-2253-5

Ⅰ． ①小… Ⅱ． ①王… Ⅲ． ①小学数学课一教学参考资料 Ⅳ． ① G624

中国国家版本馆 CIP 数据核字（2024）第 058686 号

小学生高效学习法——21 天唤醒孩子的学习脑．
数学思维训练营
XIAOXUESHENG GAOXIAO XUEXIFA —— 21 TIAN HUANXING HAIZI DE XUEXI NAO.
SHUXUE SIWEI XUNLIANYING

王轩　主编

项目总监　薛方闻
责任编辑　李　聪
插　　画　文贤阁
排　　版　文贤阁
出　　版　黑龙江科学技术出版社
地址：哈尔滨市南岗区公安街 70-2 号　邮编：150007
电话：（0451）53642106　传真：（0451）53642143
网址：www.lkcbs.cn
发　　行　新华书店
印　　刷　天津泰宇印务有限公司
开　　本　710 mm×1000 mm 1/16
印　　张　4
字　　数　32 千字
版　　次　2024 年 3 月第 1 版
印　　次　2024 年 3 月第 1 次印刷
书　　号　ISBN 978-7-5719-2253-5
定　　价　128.00 元（全 6 册）

前言

不知道怎么预习，语文生字这边记了那边忘记，不知道怎么审数学题，英语单词总也记不牢……这样的问题你是不是也经常遇到？我们到底是在哪个环节出了问题呢？

在同一个教室里，面对同样的老师，花费相同的时间，但是有的同学学习好、进步快，这是为什么呢？

难道是因为自己太笨？其实，没有天生的笨学生，只有笨的学习方法。只要掌握高效学习法，你也能轻松提高学习成绩。

为了让大家全面系统地掌握高效学习法，我们编写了这套《小学生高效学习法——21 天唤醒孩子的学习脑》，书中结合孩子在学习过程中遇到的语文、数学、英语、作文、记忆力和考试等问题，先以小场景引出问题，再有针对性地介绍一些实用、高效的学习方法，最后再给出具体的学习技巧。不论你是在学习新知识的过程中，还是在巩固复习的阶段；不论你是学习具体的学科知识，还是提高自身的学习能力，本套书都能给你帮助，激发你的学习兴趣，帮你提高学习效率。

希望这套书能让大家树立正确的学习观念，全面掌握学习学科知识的方法，最终养成高效学习的习惯。希望大家在学习的过程中，真正把高效学习法贯穿始终，不断取得进步，从此学习更轻松、更高效，学习成绩越来越好。

目录

第1章 让数学有趣味

第2章 这样学数学更轻松

第3章 跟数学难点说再见

第1章

让数学有趣味

1 Day

兴趣让数学变得精彩

“丁零零……”上课铃响了，要上数学课了。京京的心情一下子变得沉重起来。他最不喜欢数学了，数学课上如坐针毡，课后也不喜欢做数学作业。

很多同学像京京一样，不喜欢数学。的确，数学有它枯燥、深奥、抽象的一面。但是，数学也有它有意思的地方，而且它是自然科学的基础，生活中处处离不开数学。通过学习数学，我们可以提高逻辑思维能力、思辨能力和创造力等。

培养对数学的兴趣吧！这样我们才能从被动接受变为主动探索，从而去主动学习数学知识，并且不会感到枯燥。而且，当我们对数学充满兴趣，积极主动、心情愉悦地去学习时，就会更快地掌握知识，并且更牢固。

那么，怎样培养学习数学的兴趣呢？

首先，在生活中发现数学知识。比如，在学习“千克”这个概念时，我们可以在家里找一些物品的说明书，感受一下 1 千克是多重。比如，洗衣粉（1 千克，1 袋）、矿泉水（500 克，2 瓶），这样便可以建立起对质量的形象认识。

其次，读一些数学方面的课外读物。这些读物里会有一些关于数学的小游戏、奇闻逸事等，如“高斯巧解数学题”“陈景润废寝忘食钻研‘哥德巴赫猜想’”……我们对数学知识了解得越多，也就越喜欢学数学了。

再次，玩一玩数学游戏。培养兴趣最好的办法是玩游戏，如玩棋类游戏、做数独题、玩魔方、玩七巧板、搭积木等。

最后，在学习中找乐趣。比如，我们可以问自己一些数学问题，把解答问题的过程想象成侦探破案的过程，这样学习数学就不会感到烦闷了。

高效学习法

随时随地学数学

很多同学往往谈“数”色变，体会不到学数学的快乐，因此对数学产生不了兴趣。试试以下几个小招数吧！

每周一题

我们每周在爸爸妈妈的帮助下做一道难题，然后去考考其他小伙伴，把解题方法和技巧讲给他们听，在当“小老师”的过程中体会成功和自豪感。

在生活中展开计算

在学习中经常会遇到分糖、分水果之类的题目，当我们在生活中分糖、分水果时，可以动手操作，看看自己的运算过程是否合理。

观察与数学有关的事物

比如，我们跟爸爸妈妈去超市买东西时，可以观察各个商品的价格，算一算这个商品的价格是那个商品的几倍，促销打折的商品打完折后是多少钱、便宜了多少。还有，路上的广告牌是什么形状，可以切割成哪些形状等。

体会数学的用处

比如，我们可以给家里算算收入、开支，体会数学的用处。

2 Day 计划让学习有方向

到睡觉的时间了，丹丹才想起要做数学作业，而且明天的功课也没有预习。爸爸建议她做个学习计划，这样以后每天先做什么、后做什么就清楚了。

同学们，你们是不是也像丹丹一样，对于每天的学习没有计划？毫无计划的学习是散漫、被动的，而合理的计划会使我们提高学习效率。那么，如何制订一个切实可行的学习计划呢？

第一，计划要符合实际。我们制订的学习计划必须符合自己的知识基础、学习习惯等，一定是可以通过努力完成的。如果计划一味求大、求全，则没有那么多时间去完成；但是也不要毫无挑战性，如果轻而易举就能完成也不会有多大效果。

第二，计划不要太满、太死、太紧。我们的学习计划要合理安排常规学习时间和自由学习时间，还要考虑到休息和娱乐，而且给计划外的事留出时间，提升计划的可行性。

高效学习法

我的每周数学学习计划表

时间	学习计划	完成情况
周一	预习：	
	做练习：	
	复习：	
	检查错题集：	
周二 ~ 周五	……（参考周一）	……（参考周一）
周六	复习：	
	检查错题集：	
周日	休息	

3 Day

培养良好的学习习惯

莹莹很怕学数学，觉得自己没有数学天赋。妈妈说，数学并不可怕，只是她没有养成良好的学习数学的习惯。后来，在妈妈的帮助下，莹莹学数学的习惯变好了，学习也进步了很多。

同学们，你们是不是像莹莹一样，想学好数学，又怕学数学，明明努力了，但就是学不好呢？其实，这很可能就是学习习惯不好，导致学习效率很低，而良好的学习习惯可以让我们轻松学习。那么，有哪些良好的学习数学的习惯呢？我们要如何培养这些习惯呢？

一是培养专注力，养成认真听课的习惯。我们可以通过做一些非常需要耐心和专注力的事情来训练自己。如试着一次性拼完一张拼图、培养画画的兴趣爱好、参加体育活动等。

二是培养独立思考的习惯。当我们遇到问题时，不要急着看答案，要有意识地自己先思考。当课堂上老师提出问题时，也不要一味等着老师解答，而应积极思考。也可以玩一些数学游戏，在游戏中训练自己的数学思维。

三是培养课后巩固的习惯。课后，我们应强迫自己按时保质地完成作业，并做一定量的习题，时常提醒自己复习。

四是培养善于“问”的习惯。我们可以用自我暗示法克服畏惧，勇敢地向他人提问。可以从小问题开始，也可以模仿老师找疑点。

高效学习法

让“督促、提醒”促成良好的学习习惯

如何养成良好的学习习惯呢？试试下面的方法吧！

一是请人督促。

可以请爸爸妈妈或朋友们帮忙督促，当我们表现出不好的习惯时，让他们提醒改正。

二是卡片提醒。

我们可以制作一些提醒自己要保持好习惯的卡片，放在身边时常提醒自己。

第2章

这样学数学更轻松

4 Day 数学也需要预习

小林同学从来只预习语文、英语，不爱预习数学，觉得数学没什么好预习的，又没有生字、单词需要记。数学老师说他这种想法不对，数学预习也很重要。

同学们，并不是只有生字、单词等需要预习，数学中也有许多需要我们预习的东西。

有句古话说：“凡事预则立，不预则废。”当预习做好了，我们就提前了解了新课主要讲什么，重点是什么，难点是什么，新知识与旧知识之间有什么联系。这样，我们上课时就能有针对性地听，容易分清主次，变被动听课为主动听课，从而提高听课的质量。而且预习好了，也能增强我们对知识的记忆效果。所以，走马观花地看一遍课本式的预习是没有效果的。数学是一门逻辑性比较强的科目，需要基础扎实，并且多做题，才会有比较好的效果。因此，我们预习数学时应该做到以下几点。

一是熟悉概念、公式等。各种概念、公式、定理等，如长方形的概念、运算的规则等，是数学最基本的内容，需要深刻理解，因此我们预习时，需浏览教材，熟悉它们。

二是思考和标记。预习时我们需要联系前面学习过的知识进行思考，并且标出重点，特别是对自己还不太清楚的地方更要留心。遇到不明白的地方，可以先试着自己搞清楚，如果没能解决，就做上标记，以便在课堂上重点学习。

三是学习例题，动手做题。我们可以对照课本和解析学习例题，学完之后，把例题再做一遍并确保正确。然后做些练习题，检查预习效果。

高效学习法

动动手预习

在预习时，遇到新的概念等，我们可以自己动手操作，在实践中学习。

例如，在“长方体和正方体的认识”一课中，对“面”“棱”“顶点”的预习，我们可以找一些生活中长方体和正方体的实物，如快递盒、鞋盒、药盒、课本、牙膏盒等，去摸一摸，感觉一下这些长方体或正方体的面、棱、顶点。

又例如，当我们预习“计算器”一课时，可以找个计算器，按步骤操作一遍。

再例如，在“角的度量”一课的预习中，我们可以找个量角器，测一测家里棱角分明的物品的角的度数，如书本、桌子、积木等。还可以拿两支笔摆成不同角度，然后测量，体会角度大小的区别。

5 Day 利用好数学课堂

乐乐每次上数学课时都很茫然，不知道干什么，因此听课效果不好，老师提问他也答不上来，需要课后花很多时间去弥补。

同学们，你们是不是也像乐乐一样，数学课上不知道干什么好？不知道如何利用好课堂？我们都知道，把握好课堂至关重要，若是课堂没有利用好，我们就掌握不了老师讲的知识，课后做题也会寸步难行。怎样才能利用好数学课堂呢？

一要带着问题上课。上课前我们要预习，带着预习时未解决的问题进入课堂，这样我们的求知欲才会比较强，才能集中精力听老师讲重点和难点。

二要学会放松。一节课始终绷紧头脑中的弦是不可能的，我们可以调节课上不同阶段的紧张程度。不过要注意的是，一堂课的开头、结尾往往是讲解重点的时候，需要打起精神认真听讲。

三要紧跟老师的思路。老师的讲课内容是有逻辑性的、层层深入的，我们必须顺着老师的思路去听。如果遇到没听懂的地方，可以速记下来，暂时放在一边，课后再问老师。

四要发挥积极性。上课时，我们必须认真思考老师提的问题，仔细观察演示或实验，有问题就大胆提问，积极参与讨论。

五要做课堂笔记。我们上课时要以听为主，但也需要做课堂笔记。课堂笔记主要记录老师的讲课提纲、重难点和同学们与老师的精彩讨论，记录时要善用符号，简洁明了，快速整齐。但需要注意的是，不要因为忙着记课堂笔记而耽误听课。

高效学习法

“三会”让我们完胜课堂

会看

数学课上我们要看老师的板书（包括老师讲课的提纲、重难点、补充的内容等）、画图与演示，同学们解题的步骤、方法和结果。

会听

数学课上我们要听重点（如老师讲课的开场白和结束语等）、引入、讲解（新知识的内容及应用等）、提问、小结，另外还有一些补充的课外内容。

会思考

老师提问后，我们不仅要主动思考，还要紧跟老师的思路，多角度思考。

6 Day

学数学要举一反三

弘弘学习很认真，可是他遇到问题经常不知道怎么办。比如，今天老师在课上讲的例题他感觉听懂了，可是做题时，发现题目跟例题不一样，就不会做了。

很多同学学习数学时跟弘弘一样，只会做例题，换个场景或数字就不会做了。这是因为他们不懂得举一反三。数学题千变万化，同一种题型可以有许多种形式，学会了举一反三，我们就可以打开思路，获得更多的解题方法，对我们的学习和考试都很有好处。怎样才能做到举一反三呢？

一要打好基础。基础知识和基本技能是解决问题的基础，也是灵活解题必备的前提。所以平时我们要努力掌握好基础知识，夯实基础，对关键概念的理解要准确、透彻，对基本方法要熟练掌握。

二要重视解题方法与过程。我们要适当做些练习，不要仅仅满足于得到答案，还要重视解决问题的方法和过程，进一步想想是否还有其他方法可以解出这道题，多问为什么，想想如果加个条件会有什么新问题等。

三要善于找规律并归纳总结。知识之间总有或远或近、或大或小的联系。我们学习数学要善于寻找规律，善于总结，要能够把新旧知识结合起来。而且如果某一道题有多种解答方法，我们可以把这些方法整理一下，思考这些方法是从哪些角度进行解答的，从而不断积累。

高效学习法

用例题做举一反三的练习

把例题换一换内容。比如，例题“西宁到拉萨的铁路全长 1956 千米，中间经过格尔木，其中西宁到格尔木的铁路长 814 千米。格尔木到拉萨的铁路长多少千米？”可转变成“李庄到张庄全程 10 千米，其中途经王庄，李庄到王庄 4 千米。王庄到张庄多少千米？”

把例题换一个问法。比如，原问题是“甲比乙多多少”，可以改成“乙比甲少多少”等。

同样的题目换一个解题方法。做完之后，多想想别的方法。

7 Day 牢记概念和公式

兰兰每次做数学作业的时候，总是想不起一些概念，有时候好不容易有了思路，却又记不起公式。爸爸说，记概念和公式是有技巧的。用了爸爸教的方法，兰兰很快就记住了一些概念和公式，真是神奇！

同学们，要学好数学，就要清楚基本概念，因为基本概念是进行思考的第一步；公式也要记牢，这样用时才能如鱼得水。然而，很多同学跟兰兰一样，原本会背的概念和公式，一到做作业或考试时就忘了。

那么，我们该如何记熟数学概念和公式呢？

一是多看、多读、多想、多写。记忆概念和公式，可以选择一个安静的环境，这样有利于记得更快、更牢。我们可以抓住概念中的关键字词来理解，加强判断性练习，处理好易混淆的概念。而且很多数学概念和公式之间是有联系的，我们可以根据它们之间的区别进行对比记忆。还可以使用联想记忆法，如记忆分数知识点时，我们可以用切蛋糕、分糖果的不同情况来分析知识点。

二是多用。应用概念和公式解决问题的过程也是深入理解并记忆概念和公式的过程。我们可以做与课本相对应的练习题和涉及易混淆概念的练习题。

高效学习法

画知识树记忆数学知识

首先，梳理知识点，如果知识点多，就画层次多、枝杈多的大树；如果知识点少，就画层次少、枝杈少的小树。

然后，给各个知识点分出层次，这样我们理解和背诵时就会更有条理。重要的知识点挂在大树叶上，不太重要的挂在小树叶上。

最后，把相关知识点都体现在知识树上，这样能让我们更全面、系统地认识和背诵知识点。

8 Day 把例题再做一遍

峰峰的同桌数学学得好极了，做什么题都很轻松，峰峰很羡慕她。峰峰以为她肯定每天放学后做了很多题，谁知同桌却说她只是特别重视课本上的例题而已。

同学们，你是不是像峰峰一样，没有意识到例题的重要性呢？还是以为要想数学好，只能泡在题海里？

其实，要想学好数学，需要抓住方法，掌握例题就很关键。因为课本上的例题和习题是编教材的老师精心挑选出来的，很有代表性。而且，做课本上的例题可以加深我们对概念、公式的理解。再者，许多试题都是书本上例题和习题的变体。所以，只要我们好好掌握书本中的例题和习题，学好数学就会比较轻松。

怎样掌握例题呢？除了要认真听老师在课堂上对例题的分析与讲解之外，最好的方法就是自己再做一遍。

首先，准备一个练习本。在做作业前我们把例题抄到练习本上，然后合上课本，把例题当成习题先做一遍，有些地方如果想不起来可以看看书；然后再做一遍，直到不看课本也能够顺利做出来为止。

其次，把例题做出来之后，要翻开书进行对比。除了看答案正确与否，我们还要比对自己的解题方法和过程与课本中所讲解的有什么异同，解题时有没有漏掉什么步骤、符号、单位等。

最后，思考、总结。总结一下自己是怎样思考的，这道题目用了什么概念、公式，有什么特点，在什么地方容易出错，解题时应注意什么，等等。

除此之外，我们还可以做做其他具有代表性的题目，如老师讲评试卷时强调的题目等。

高效学习法

这样看数学例题更有效

我们在看数学例题时，需要注意以下几点：

看内涵，掌握方法

我们每看一道题目，不能只记题目不记方法，而是要看实质和内涵，要厘清解题思路，真正掌握解题方法。

看的时候不忘思考

看例题的时候，我们不能只用眼睛看而不思考。我们可以想想该如何做，然后再对照解答看看自己的思路对不对，与书上所讲有哪些相同与不同之处，最后总结经验。

各难度、各层次的例题都要看

对于例题，我们要循序渐进地看，不能只看一些难度较大、技巧性强的例题，有些较为容易的例题也需要看，这样我们才能丰富知识、拓宽思路。

9 Day 仔细审题要牢记

亮亮做数学题时，总是匆匆忙忙地看一眼题目就开始做，所以经常答非所问。后来亮亮向同桌丽丽学习了一套审题方法，使用之后效果很好，他再也不会因为审题不仔细而做错题了。

每次做完题对答案的时候，你是不是苦恼于“明明这道题我会做的，就是因为审题不仔细而弄错了”，就像亮亮同学一样？审题是解题的一个重要环节，如果粗心大意，则“失之毫厘，谬以千里”，得出的答案自然很难是正确的。所以，我们在审题时不要急于求成，一定要认真、细致，既要看清条件，尤其是隐含条件，也要理解问题。对于一些看似熟

悉的题目更要细心，不要因为觉得熟悉就直接做题而忽略一些差异点。那么，我们审题时该注意些什么呢？

第一，要注意“单位”是否统一。

例1：一个长方形长2米，宽1米，求它的面积。

例2：一个长方形长2米，宽1分米，求它的面积。

例1中长宽单位已经统一，而例2中需要先统一单位再运算。

第二，注意符号是否看清了。

比如，计算 $440\div11\div4$ 与 $440\div11\times4$。

第三，注意“标点”不同。

例3：一辆客车从甲城到乙城，每小时行驶50千米，4小时正好行驶了全程的40%，余下的行驶了6小时，平均每小时行驶多少千米？

例4：一辆客车从甲城到乙城，每小时行驶50千米，4小时正好行驶了全程的40%。余下的行驶了6小时，平均每小时行驶多少千米？

例3与例4只有一个标点符号不同，但所求的问题完全不同。例3是求（4+6）小时平均每小时行驶多少千米；而例4是求最后6小时平均每小时行驶多少千米。

第四，注意“一字”之差。如“剪去 $\frac{1}{2}$”与“剪去 $\frac{1}{2}$ 米”。

高效学习法

这样审题不出错

我们该如何审题呢？大体来说，可以遵从以下步骤。

首先，我们要读题，初步了解题意。

读题是了解题目内容的第一步，是培养审题能力的开始。我们读题时注意力要集中，做到眼到、心到，可以默读。

其次，我们要反复推敲关键句，准确理解题意。

我们可以边审题边给题目做标记，找出关键句、重点词句等，理解其中的真实意图和要求，抓住题目核心，为正确解题铺平道路。

最后，确定答题顺序。

在对题目进行整体观察后，我们要确定答题顺序，先算什么，再算什么，最后算什么。

相信通过以上几个步骤，再加上耐心，我们做题的正确率会提高很多。

10 Day 不要陷于“题海战术”

阳阳买了好多习题集，每天做题的时间满满当当的，午休时间也一直在做题。可是他的数学成绩并不好，而且人还很累。老师知道后说，做题不在于多，在于掌握。

同学们，你是不是像阳阳一样，为了学好数学而疯狂做题？其实，虽然学习数学离不开做与练，但是大搞“题海战术”对提高成绩的帮助并不大，不仅浪费时间，还会让人感到枯燥和疲惫。所以，我们做题不要求多，而要注重掌握。那么，该如何做呢？

一是根据自身的学习基础来做题。学习基础差的，可以先做一些基础题，然后再提高难度；学习基础好的，可以做一些提高题、综合题等。

二是多做教材中的例题和习题、不同类型的题、涉及自己薄弱点的题。教材中的例题能清晰地阐述知识点，习题能帮助我们验证是否掌握了学到的知识点，而且无论数学题目怎么变化，都有教材的影子。所以，我们应重视教材中的例题和习题，做到熟练掌握。而且我们应多练习一些题型，从不同的角度去验证我们是否牢牢地掌握了知识点，能否灵活地运用。对于薄弱点，要多花些精力，时不时地去练习，不断弥补、巩固。

三是做题之前要分析。我们做题时不能拿到题就动笔，而要思考分析，看看题目考查的知识点是什么、解题思路和突破口在哪里、该用什么方法解题。

四是做完题后及时总结。我们做完题后要及时总结，发现和改进学习中的不足，梳理、强化解题思路，提高理解能力。

总之，我们不要一本一本没完没了地做题，而是要认真分析、研究和总结，掌握不同的题型和解题思路，做到触类旁通。

高效学习法

这样选择习题，少走弯路

题型要全面，难度要适宜

题目按难易程度可分为基础题、中等题、拔高题；按题型可分为填空题、选择题、判断题、应用题等。我们要想学好数学，应掌握不同题型，所选题目的难易程度要适合自己，可以适当拔高。所以在选择题目的时候，要精挑细选，尽量涵盖各种题型，难度也要适宜。

询问他人

我们可以参考成绩优异的学哥学姐的意见，看看哪些习题集比较好，他们学过了，最懂得哪些习题集最权威、最实用；也可以问问老师。

有针对性地选题

如果我们想攻克薄弱点，则可以把自己平时作业和测试中的易错题型重点做一做。如果我们学习情况比较好，想锻炼思维，可以试试做奥数题。

11 Day 错题本有大用处

妈妈检查小聪的数学作业时发现，他总是重复做错同一类题目，于是给他准备了错题本，让他好好利用，少犯同类错误。果然，从这之后，小聪经常能从错题中吸取教训，进步很大。

在数学学习中，很多同学跟以前的小聪一样，同一类型的题经常做错，这是因为他们在题目做错后，不去思考错在哪里、为什么错、怎么改正。其实，出错的地方，正是我们学习中最薄弱的地方，把一道错题弄懂了，比做对十道不容易出错的题收获更大。那么怎样弄懂错题，避免同一个错误重犯呢？使用错题本是个很好的选择。让我们来看看具体怎样操作吧！

首先，我们把每次作业、考试、练习中的典型错误和难题写在单独的一个错题本上，并且把错误的答案也写到本子上，且分析错误的原因。

其次，我们要在后面写上正确的答案和解题过程。对于自己不会做的题目，可以等到深入研究课本的有关内容后，把它补做出来，或者向老师、同学请教后做出来。

再次，我们需要根据错误的原因对题目分类，方便以后查找复习。一般来说有以下几种类型：①确实不会做；②审题错误；③计算错误；④解题思路不清晰；⑤知识点不熟悉；⑥粗心马虎。

最后，对于错题本，我们要经常翻看，时常把错题再做一做，尤其是在考试前，要重点看看易错、常错的知识点。

错题可以列成下面形式：

①易错题目：308×102

②错误解答：$308\times102=308\times100+2=30802$

③分析原因：对乘法分配律理解运用有误。

④正确解答：$308\times102=308\times100+308\times2=31416$

⑤教训、启示：理解记忆并正确运用乘法分配律：$A\times(B+C)=AB+AC$

高效学习法

错题本使用要点

使用错题本时，我们需要掌握几个要点，才能做到物尽其用。

清楚记什么

错题本并不是要把所有的错题都记录下来，而是记典型错题和难题，一般性的错题可以在原来做错题的地方订正错误，不必往错题本上记。

记录要及时

当我们遇到典型错题或难题时，要及时往错题本上记，不要等到已经弄得非常明白了才记录。

错题多解

对于错题，我们还要拓宽思路，争取用不同的方法解题，看看有几种解题方法，要一并写到错题本上。

留出空白

我们写错题的时候要在旁边留出空白位置，方便以后补充相关内容。

12 Day

数学复习有方法

要期末考试了，婷婷感觉很多知识都忘了，急得不得了。可是菲菲却气定神闲，原来她早就复习好了，将所学的知识都牢牢地记在了脑子里。她是怎么做到的呢？

同学们，你是不是也有这样的烦恼，尽管你每天认真预习，上课认真听讲，按时完成作业，可是过了不久，尤其是快要考试的时候，却发现有很多知识点都很陌生？

其实，这是因为很多同学在学习的过程中没有好好复习，知识没有经过大脑的归纳整理而形成知识体系。所以，在数学学习中，复习也是很重要的。

如果不注重复习，我们新学的东西将会遗忘得非常快。如果我们能及时回顾复习，就可以提升记忆效果，对学过的知识加深理解和记忆，真正掌握所学的知识。

那么，我们该怎样复习数学呢?

首先，我们应“趁热打铁”。在上完课后，我们可以将所学的内容回忆一遍，及时了解自己对课程的掌握程度。然后打开课本和笔记，有针对性地复习一遍，不清楚的地方可以请教他人，直到把不会的都弄懂。放学后，我们可以对照笔记，把重点、疑难点、易错点仔细消化一遍，加深理解记忆，然后再做作业。

其次，复习数学时，我们要注重思考，要学会对所学知识进行分类整理，分析概念间的逻辑关系，形成较完整的知识体系，并运用公式反复解题，达到灵活运用的目的。

最后，复习不需要面面俱到，我们要把精力集中在重点、疑难点上，通过理解记忆掌握知识。

高数学习法

列表格复习法

当我们复习数学知识时，有些知识如定律和公式等，可以做成表格，简单方便，一目了然。例如：

运算定律或性质	
加法	交换律：$a+b=b+a$ 结合律：$(a+b)+c=a+(b+c)$
减法	性质：$a-b-c=a-(b+c)$
乘法	交换律：$a\times b=b\times a$ 结合律：$(a\times b)\times c=a\times(b\times c)$ 分配律：$(a+b)\times c=a\times c+b\times c$
除法	商不变性质：$a\div b=(a\times m)\div(b\times m)=(a\div m)\div(b\div m)\ (m\neq 0)$
长方形面积	面积 = 长 × 宽
平行四边形面积	面积 = 底 × 高

第3章

跟数学难点说再见

13 Day 比较分数大小的多种方法

蓓蓓与萌萌在一起做数学题，遇到比较分数大小的题目，蓓蓓总是做得特别快，而萌萌就很慢。蓓蓓说，其实比较分数大小是有诀窍的。

在数学练习或考试中，遇到比较分数大小的题，很多同学跟萌萌一样，做得很慢。怎样才能像蓓蓓一样做得快呢？下面来学习几种简便方法吧！

一是化成小数法。我们可以先把分数化成小数，然后再进行比较。例：比较$\frac{7}{9}$与$\frac{5}{8}$的大小。解答：$7\div9\approx0.78$，$5\div8=0.625$，因为 $0.78>0.625$，所以$\frac{7}{9}>\frac{5}{8}$。

二是通分法。根据分数的基本性质，先通分再比较。例：比较$\frac{3}{4}$与$\frac{4}{5}$的大小。解答：$\frac{3}{4}=\frac{15}{20}$，$\frac{4}{5}=\frac{16}{20}$，因为$\frac{16}{20}>\frac{15}{20}$，

所以$\frac{4}{5}>\frac{3}{4}$。

三是化同分子法。先把分子不同的两个分数化成分子相同的两个分数，然后再根据“分子相同的两个分数，分母小的分数比较大”来进行比较。例：比较$\frac{3}{104}$、$\frac{4}{113}$、$\frac{12}{77}$的大小。解答：通分后为$\frac{12}{416}$、$\frac{12}{339}$、$\frac{12}{77}$，因为$\frac{12}{77}>\frac{12}{339}>\frac{12}{416}$，所以$\frac{12}{77}>\frac{4}{113}>\frac{3}{104}$。

四是交叉相乘法。把第一个分数的分子与第二个分数的分母相乘的积当作第一个分数的相对值；把第二个分数的分子与第一个分数的分母相乘的积当作第二个分数的相对值，相对值较大的分数比较大。

高效学习法

约分法

在比较两个分数之前，可以先将两个分数约分，然后再进行比较。例如，比较$\frac{1210}{1430}$和$\frac{1313}{1515}$的大小。将$\frac{1210}{1430}$的分子、分母同时除以它们的公约数 110 得$\frac{11}{13}$；将$\frac{1313}{1515}$的分子、分母同时除以它们的公约数 101 得$\frac{13}{15}$，因为$\frac{11}{13}<\frac{13}{15}$，所以$\frac{1210}{1430}<\frac{1313}{1515}$。

14 Day 小数计算注意"点"

敏敏数学学得很不错，可是一到小数计算就有点犯糊涂，计算时总是出错。经过老师的点拨，小数计算对她而言变得一点都不难了。老师教了她什么方法呢？

同学们，你们是不是也在为小数计算而苦恼呢？有没有觉得数学计算因为小数点而困难了许多呢？其实，只要我们掌握了方法，小数计算一点也不难。在运算过程中，牢记以下几个要点吧！

一是小数点要对齐。在小数运算中，一定要把小数点对齐，只有把小数点对齐了，各个相同的数位才能对齐，计算才能正确。

例如：

$$\begin{array}{r} 3.25 \\ +45.6 \\ \hline \end{array} \ (\times) \qquad \begin{array}{r} 6.18 \\ +12.83 \\ \hline 19.01 \end{array} \ (\surd)$$

二是不忘得数中的小数点。很多时候，有许多同学在计算时是把小数点对齐了的，而且计算过程中也没有出现错误，然而最后忘了给得数点上小数点。例如：

$$\begin{array}{r} 84.6 \\ +\ 16.5 \\ \hline 101\ 1 \end{array} \ (\times)$$

三是牢记去“0”或添“0”。在计算小数时，当得数是小数且小数末尾是“0”时，通常要把“0”去掉；如果得数的整数部分一个数都没有，记得要在整数部分及时添“0”。

高效学习法

把小数换成整数再计算

在做小数的乘除法时，我们可以先把小数换成整数（即将小数扩大 10、100、1000、10000 甚至更大的倍数），然后进行运算。最后在得数上加上小数点。

例如：计算 1.35×6.2。我们可以先计算 135×62=8370，然后因为 1.35 与 6.2 在小数点后面共有三位数，所以在 8370 从右往左数三位加上小数点得 8.370，再把小数点后面末尾的“0”去掉，即可得 1.35×6.2=8.37。

15 Day 巧学大数目

小凡跟小雨互相检查作业后，小凡发现小雨的大数目老写错，原来小雨一看见大数目就特别头疼，不知道该怎么读、怎么写。不过小凡有办法，他教会了小雨，从此小雨再也不用为大数目头疼啦！

很多同学跟小雨一样，对于大数目，不知该怎么读、怎么写。让我们学习下面的方法吧！

首先，我们给数目分级，从右边起，每四个数位为一级，依次是个级、万级、亿级……；然后，从高级读起，先读亿级，再读万级，最后读个级，记住每级上数的读法与万以内数的读法相同，只是读完亿级后加个“亿”字，读完万级后加个“万”字。

例如：

8006	8006	8006
（亿级）	（万级）	（个级）

这个数字中的亿级、万级跟个级的数字完全相同，读法也完全相同，都是八千零六，但是亿级的数字读完后要在后面加上“亿”字，万级的数字读完后，要加上“万”字，所以这个数的亿级读作“八千零六亿”，万级读作“八千零六万”，合起来读作“八千零六亿八千零六万八千零六”。

写数也一样，找出题中的“亿”“万”等字，把数分成三级或两级，然后按“级”写，先从高级数位写起，低级数位上没有数的要写“0”占位。

比如，四千二百零九亿零七千五百四十写作（　）。

解法：这个数的亿级写作“4209”，万级没有数，写上“0000”，个级写作“7540”，所以写作：420900007540。

高效学习法

结合生活情境学习大数目

学习大数目时，我们可以把它与生活联系起来，多问问自己在生活中遇到的数字问题。这样既有趣，又能让自己掌握大数目的读写。比如：一小时多少秒？从家到学校要花多少秒？一年有多少秒？

16 Day 让计算快起来

妈妈已经喊杰杰吃晚饭了，可是他还有一些数学作业没做完，尽管他已经做了很长时间了。一问，原来他在运算中遇到了困难，一道题要花很长时间才能算出结果，他也很苦恼。

同学们，你们是不是也常常遇到杰杰这样计算慢吞吞的困扰呢？如果能快速计算，就可以节省我们很多时间。那么，怎样才能提高计算速度呢？显然，这没有捷径可走，需要我们平时练好基本功。这些基本功主要包括以下几个方面。

一是多练习基本口算。首先，我们要

练习 20 以内的加减法，要做到看到算式就能写出得数。同时，我们还要做百以内的乘加、乘减、除加、除减的口算训练，直到很熟练。

二是熟记常用数据。在四则运算中，如果我们牢记一些经常用到的数据，就可以计算得又快又准。例如：$4\times5=20$、$8\times25=200$、$0.5=\frac{1}{2}=50\%$、$0.625=\frac{5}{8}=62.5\%$，还有和为 1 的小数、1 ~ 20 的平方数等。当我们把这些数据记住后，计算就会简便得多了。如计算 $8.23\times0.375+11.77\times\frac{3}{8}=$？就可以写成：

$$8.23\times0.375+11.77\times\frac{3}{8}$$
$$=8.23\times\frac{3}{8}+11.77\times\frac{3}{8}$$
$$=(8.23+11.77)\times\frac{3}{8}=20\times\frac{3}{8}=7.5$$

三是多练习速算的方法。我们在平时计算时，应注意练习一些速算方法。例如：十几乘以十几的速算法的口诀是："头乘头，尾加尾，尾乘尾。"如 13×12，速算的方法为：$1\times1=1$，$3+2=5$，$3\times2=6$，所以 $13\times12=156$，这样运算，就很快啦。

我们还可以每天做一些计算题，让自己熟能生巧，但千万不能依赖计算器。

高效学习法

一些简便运算方法

在运算过程中，简便运算很重要，要想使计算变得快速、巧妙、正确，就要注意观察，灵活运用拆数、拼数、乘法分配律等，做到化繁为简、化难为易。下面介绍一些简便运算方法。

一、凑整法

凑整法，即有意识地把算式中的数凑成整十整百等好运算的整数，从而达到计算简便、迅速的一种方法。例如：

$0.9+9.9+99.9+999.9+9999.9$

$=(1-0.1)+(10-0.1)+(100-0.1)+(1000-0.1)+(10000-0.1)$

$=1+10+100+1000+10000-0.1\times 5$

$=11111-0.5$

$=11110.5$

二、乘法分配律及其逆运用

有时我们可以巧妙运用乘法分配律及其逆运用，使算法简化。例如：

0.35×202

$=0.35\times(200+2)$

$=0.35\times 200+0.35\times 2$

$=70+0.7$

$=70.7$

17 Day

做选择题的必备招数

静静做数学的选择题时，总感觉自己有“选择困难症”。妈妈告诉她选择题答案是多选一，所以需要掌握一些解题策略。静静学了妈妈教的策略，很快就能做出选择了。

选择题概括性强，知识覆盖面广，综合性和深度并存，也是考试中的必备题型。有的同学面对选择题时和静静一样，觉得无从下手。下面介绍几种比较常见的答题方法。

一是直接法。就是从题设条件出发，先自己做出解答，然后再把答案与选项对照，做出选择。

例：一种商品先涨价 10%，后降价 10%，现在的商品价格与原来相比（　）。

A. 升高了　　B. 降低了　　C. 没有变化

解答：我们假设原来商品的价格为 m，第一次涨价后价格为 $m+m\times10\%=1.1m$，后降价 10%，价格为 $1.1m-1.1m\times10\%=0.99m$。所以答案选 B。

二是代入法。就是把供选择的几个答案分别代入题目检验，符合题意的就是正确答案。

例：要使四位数 235□能同时为 2 和 3 的倍数，□里应填（　）。

A. 1　　B.4　　C.2　　D.6

解答：这道题我们可以根据 2、3 整除数的特征，把选项逐一代入，不难得出答案为 C。

三是排除法。单项选择题有且只有一个正确选项，所以我们可以从选项入手，逐一分析各个备选答案，排除不符合题意的答案，这样剩下的就是正确答案。

例：既是 2 的倍数，又是 3 的倍数的最大三位数是（　）。

A.999　　B.997　　C.996　　D.990

解答：2 的倍数必须是偶数，所以首先排除 A 和 B，又

996、990 都既是 2 的倍数，又是 3 的倍数，但是要求最大的，所以排除 D，答案为 C。

解答选择题的方法不止上述几种，在实际解答选择题时，我们可以多种方法并用，灵活解题。

高效学习法

特殊值法解数学选择题

有一些数学选择题，题干中给出一些一般性的条件，而要求得出特定的结论或数值，我们可以选用满足题设条件的某些特殊数值、特殊位置、特殊关系、特殊图形等对各选项进行检验或推理，利用“问题在某一特殊情况下不真，则它在一般情况下也不真”的原理，来判断选项正确与否。用这个方法时，特殊值选得越简单、越特殊越好，但是一定要注意符合题目要求，并且易于计算。

例：如果 $m<n<0$，那么下列表达式中错误的是（　）。

A. $m-9<n-9$　B. $-m>-n$　C. $\frac{1}{m}<\frac{1}{n}$　D. $\frac{m}{n}>1$

解答：这道题我们可以直接将 m 看作 -2，n 看作 -1，代入到所有的选项中进行验证。不难得出此题答案为 C。

18 Day

判断题解答技巧

小志做完作业对答案，发现判断题做错了很多，他不明白是怎么回事。好朋友诚诚给他讲了几种做判断题的方法，他按照方法又做了一遍，果然准确率提高了很多。

很多同学跟小志一样，做判断题经常出错。其实做判断题时，首先必须把有关知识弄清楚，其次应掌握一定的解题方法，并且做题之前一定要认真审题，弄清题意。下面介绍几种比较实用的解答判断题的方法。

一是反证判断。我们可以从反面思考，找一找与题目所说相反的情况，只要找出一个例子就能断定对错了。

例：小数都比整数小。（　　）

解答：8.9>8，所以这道题答案为“×”。

二是假设验证判断。有些判断题无法直接判断，我们可以假设一个或几个具体实数，验证结论是否成立，再做出判断。

例：甲数的20%，等于乙数的$\frac{1}{7}$（甲>0），甲乙两数之比为5∶7。（　）

解答：我们可以假设甲数是10，那么乙数是$10\times20\%\div\frac{1}{7}=14$，10∶14=5∶7，所以这道题答案为“√”。

三是计算判断。我们可以根据给出的条件，计算出结果，然后判断。

例：一件商品原价70元，降价20%，现价14元。（　）

解答：$70-70\times20\%=56$，所以这道题答案为“×”。

四是分析判断。即根据有关的数学知识，通过分析推理，做出判断。

例：两个大小不同的圆，大圆周长与直径的比值比小圆周长与直径的比值大。（　）

解答：由圆的周长公式$C=\pi d$（π是常数）可知，无论什么圆，周长与直径的比值都是相等的，所以这道题答案为“×”。

高效学习法

画图、操作判断法

有些判断题可以通过画图或进行实际操作来判断。

例如：1. 半圆形的周长是圆周长的一半。（　）

我们在做这道题时，可以先画一个半圆（如下图），然后观察就可以看出，半圆的周长包括该圆周长的一半加上直径的长度。所以这道题答案为“×”。

2. 一根线把它两次对折后所得到的长度是原来长度的$\frac{1}{4}$。（　）

我们在做这道题时，可以找一个比较长的纸条，对折两下，会发现对折两次后所得的长度为原来的$\frac{1}{4}$。所以这道题答案为“√”。

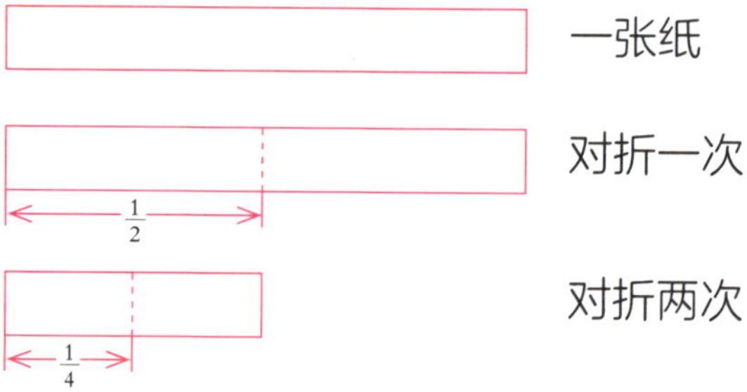

19 Day 应用题的解答方法

做完题对答案时，然然发现自己花了很长时间才做完的5道应用题，居然做错了4道，完全体会不到好朋友梦梦说的在解答应用题的过程中感觉到的自信和快乐。为什么梦梦做应用题那么得心应手呢？

在小学数学中，应用题是个重点。然而很多同学像然然一样，应用题对他们而言简直是一座大山。怎样才能像梦梦一样会做应用题呢？其实，只要我们掌握了分析问题和解决问题的方法，应用题就不难做了。下面我们来学一下吧！

首先抓关键句，找出数量间

的关系。

我们在读题目时，需要在理解题意的基础上抓住关键句，把条件和问题找出来，弄清楚数量间的关系。

例如：一个服装厂计划做 660 套衣服，已经做了 5 天，平均每天做 75 套。剩下的要 3 天做完，平均每天要做多少套？关键句是“剩下的要 3 天做完，平均每天要做多少套”，对应用题进行缩句为：需做 660 套，已做 5 天（每天 75 套），剩下 3 天，问剩下的每天做多少。

其次，从问题入手，分析数量关系，寻找解题途径。

应用题的问题即我们解题的目标。以上题为例，问题是“剩下的要 3 天做完，平均每天要做多少套”，那我们从已知条件里找出“总套数（660 套）和已经做好的套数（75×5）”和“剩下的要 3 天做完”。到此，我们就可以找到解题路径了。

最后，列式解答。有了以上的分析，我们就可以列式解答了。

（1）已经做好的套数：$75\times5=375$（套）；（2）余下的套数：$660-375=285$（套）；（3）余下的平均每天需要做的套数：$285\div3=95$（套）

高效学习法

“读题法”助解应用题

有些数学应用题，我们可以使用“读题法”来解答。具体步骤如下：

第一遍：大声朗读题目

我们平时做题时可以大声朗读题目，这样注意力会更加集中，不容易读错或者读漏。但在考试时不能大声朗读，我们就可以集中注意力默读。

第二遍：小声细读思考

这一步我们要小声细读，仔细思考，找到题目考查的核心知识点。考试时可默读。

第三遍：默读解题

默读能更加专注地思考解题方法，快速解答题目。

如果我们把题读了三遍还没找到解题思路，可以再默读几遍，这样更有助于我们思考。

20 Day 列方程解应用题

学习了"实际问题与方程"一课后，在做课后习题时，兰兰很快就学以致用，应用方程来解题，觉得可方便了。辉辉却很不习惯，他还是习惯于用算术解法解题。

很多同学像辉辉一样，不习惯用方程来解应用题。怎样像兰兰那样学会用方程解应用题呢？学一学下面介绍的方法吧！

一要审题，弄清楚题意，确定已知数、未知数。分析已知数与已知数、已知数与未知数之间的关系，然后设元。

二要找出等量关系，列出方程式。

首先，我们可以根据题目中的关键

句找等量关系。如常见的“和、差、倍、分”的相等关系等，比较常见的就是“几倍多几，几倍少几”的题目。

例如：一个三层书架共有318本书，第一层比第二层的4倍少4本，第三层比第二层的3倍多2本，第三层书架上有多少本书？由题目中的关键句“第一层比第二层的4倍少4本”可知第一层书量=第二层书量 ×4−4，同样的方法可表示出第三层书量，再根据总共有318本，就可列出方程了。

其次，我们可以用常见公式找等量关系。

比如，路程=速度 × 时间，总价=单价 × 数量，等等，熟记这些公式，遇到相关问题就比较容易找到等量关系。

例如：甲、乙两地相距360千米，张某驾车从甲地开往乙地，李某以每小时45千米的速度由乙地开往甲地，3小时后，两人相距15千米，请问张某的速度是多少？这明显是个路程类题目，根据公式：相遇时间 × 速度和 = 相遇路程，然后代入数字就可以了。

三是运用方程，求出未知数的值。

四是检验。检验时，一方面要看未知数所得值是否是方程的解，另一方面要看未知数的值是否符合题意。

高效学习法

高效设置未知数

用方程解应用题，首先需要设置未知数，常见的设置未知数的方法有以下几种。

一、问什么就把什么设置为未知数。

例如：0.4 乘以 5 的积比这个数的 3 倍多 0.2，这个数是多少？我们设未知数时就设这个数是 x。列式为：$0.4\times5=x\times3+0.2$。

二、有多个问题时，设较小的为 x。

例如：奶奶比丽丽大 52 岁，今年奶奶的年龄是丽丽年龄的 5 倍，奶奶和丽丽今年各多少岁？从题目可知，丽丽的年龄较小，我们把丽丽的年龄设为 x，奶奶年龄是丽丽年龄的 5 倍即为 $5x$，列方程为：$5x-x=52$。

三、通过等量关系设未知数。

例如：土豆去学校，计划每分钟走 60 米，10 分钟可到达，实际每分钟多走 15 米，几分钟可到达学校？这个题目的等量关系为路程相等，根据公式：路程 = 速度 × 时间，可设时间为 x，列方程为：$60\times10=(60+15)x$。

21 Day 分数类应用题可以这样解

爸爸发现，龙龙别的题目都做得很好，可是分数类应用题却总是做错。比如，该用乘法解答的他用了除法，稍微复杂一点的题他就找不准题目中数量的对应关系。

很多同学都像龙龙一样，不太会做分数类应用题。下面来学习几种解答分数类应用题的方法吧！

第一，分析整体和部分之间的数量关系，找准单位“1”。

有些分数应用题存在着“整体”和“部分”两个数量。例如：学校图书室买了480本新书，其中$\frac{3}{4}$是文艺书，文艺书有多少本？在这道应用题中，新书总数是整体，也是单位“1”，所以根据题意列式为$480\times\frac{3}{4}$。

第二，巧转化单位“1”。

例如：学校图书室买了一些新书，其中$\frac{3}{4}$是文艺书，文艺书中$\frac{2}{9}$为故事书，故事书有80本，请问学校买了多少新书？

我们解答这道题，需要先算出故事书占新书的几分之几，即$1\times\frac{3}{4}\times\frac{2}{9}=\frac{1}{6}$，然后即可列式算出新书总数：$80\div\frac{1}{6}=480$（本）。

第三，变中找不变。

例如：某厂共有职工120人，其中女职工人数占$\frac{1}{5}$，后来又招收了一些女职工，这时女职工人数占全厂的$\frac{1}{4}$，求这个厂现有职工多少人？新招了多少女职工？

这道题中，虽然全厂职工总数变了，但男职工人数没变，所以原职工总数的（$1-\frac{1}{5}$）与现职工总数的（$1-\frac{1}{4}$）相同。所以，这道题可这样解答：

现有职工$=120\times(1-\frac{1}{5})\div(1-\frac{1}{4})=128$（人），新招女职工人数$=128-120=8$（人）。

高效学习法

找准单位“1”解应用题

一般来说，在我们寻找单位“1”的时候可以参照以下两种格式。

一、“比谁多或少”的格式，“谁”就是单位“1”。

例如：食堂新购入大米 1000 千克，购入的面粉比大米少 500 千克，那么购入面粉多少千克？其中“购入大米的重量”就是单位“1”。

我们还可以找“是”“等于”“占”“相当于”这些词，从这些词的后面寻找，可以很快找出表示单位“1”的量。

例如：一包糖重 600 克，一包瓜子是一包糖重量的 $\frac{1}{3}$，一包瓜子重多少克？在这道题中，糖的重量为单位“1”，列式为：$600\times\frac{1}{3}$。

二、“谁的”的格式，“谁”就是单位“1”。

例如：商店促销一种商品，原价为 120 元，按八折出售，现价是多少？这道题中，原价即为单位“1”。

我们对于单位“1”的判断要反复练习，才能做到熟能生巧。

我的 21 天学习体验

经过这 21 天的学习，你一定有不少收获吧！把自己的学习体验在下面写一写，看看自己有哪些收获、哪些不足吧！

我的收获

我的不足

小学生

21天高效学习法

唤醒孩子的学习脑

王轩 主编

学好语文有妙招

黑龙江科学技术出版社
HEILONGJIANG SCIENCE AND TECHNOLOGY PRESS

图书在版编目（CIP）数据

小学生高效学习法 ：21天唤醒孩子的学习脑. 学好语文有妙招 / 王轩主编. -- 哈尔滨 ：黑龙江科学技术出版社，2024.3
ISBN 978-7-5719-2253-5

Ⅰ. ①小… Ⅱ. ①王… Ⅲ. ①小学语文课－教学参考资料 Ⅳ. ①G624

中国国家版本馆CIP数据核字（2024）第058212号

小学生高效学习法——21天唤醒孩子的学习脑.
学好语文有妙招
XIAOXUESHENG GAOXIAO XUEXIFA —— 21 TIAN HUANXING HAIZI DE XUEXI NAO.
XUEHAO YUWEN YOU MIAOZHAO

王轩　主编

项目总监　薛方闻
责任编辑　李　聪
插　　画　文贤阁
排　　版　文贤阁
出　　版　黑龙江科学技术出版社
　　　　　地址：哈尔滨市南岗区公安街70-2号　邮编：150007
　　　　　电话：（0451）53642106　传真：（0451）53642143
　　　　　网址：www.lkcbs.cn
发　　行　新华书店
印　　刷　天津泰宇印务有限公司
开　　本　710 mm×1000 mm 1/16
印　　张　4
字　　数　32千字
版　　次　2024年3月第1版
印　　次　2024年3月第1次印刷
书　　号　ISBN 978-7-5719-2253-5
定　　价　128.00元（全6册）

前言

不知道怎么预习，语文生字这边记了那边忘记，不知道怎么审数学题，英语单词总也记不牢……这样的问题你是不是也经常遇到？我们到底是在哪个环节出了问题呢？

在同一个教室里，面对同样的老师，花费相同的时间，但是有的同学学习好、进步快，这是为什么呢？

难道是因为自己太笨？其实，没有天生的笨学生，只有笨的学习方法。只要掌握高效学习法，你也能轻松提高学习成绩。

为了让大家全面系统地掌握高效学习法，我们编写了这套《小学生高效学习法——21 天唤醒孩子的学习脑》，书中结合孩子在学习过程中遇到的语文、数学、英语、作文、记忆力和考试等问题，先以小场景引出问题，再有针对性地介绍一些实用、高效的学习方法，最后再给出具体的学习技巧。不论你是在学习新知识的过程中，还是在巩固复习的阶段；不论你是学习具体的学科知识，还是提高自身的学习能力，本套书都能给你帮助，激发你的学习兴趣，帮你提高学习效率。

希望这套书能让大家树立正确的学习观念，全面掌握学习学科知识的方法，最终养成高效学习的习惯。希望大家在学习的过程中，真正把高效学习法贯穿始终，不断取得进步，从此学习更轻松、更高效，学习成绩越来越好。

目录

第1章

让自己爱上语文

1 Day 学习语文，不盲目

新学期刚开始，小雨就开始制订学习语文的计划了。以前他也这么做，但往往坚持不下来，很多计划都没有完成。这次他应该怎样制订计划呢？

一个好的学习计划，可以让我们有学习目标，还能帮我们合理分配时间。语文是一个需要积累的学科，功夫在平时，考试前搞突击是很难取得好成绩的，所以制订语文学习计划就尤为重要。像小雨那样有计划但没有落实的情况，我们也经常经历，那么，我们要怎么做才能将计划落实到具体行动中呢？

首先，既要制订长远计划，也要制订短期计划。长远计划可以让我们在总体目标上避免走弯路；短期计划可以让我们达到阶段性的目标，获得阶段性的胜利，激励我们不断前进。比如，制订学期计划，月计划和周计划，甚至日计划。

其次，制订的计划要切实可行。在制订计划的时候，一定要结合自身情况，制订切实可行、难度适中的计划。目标不能太高，否则总是达不到目标，挫败太多了，积极性也会被消磨殆尽。但制订的计划也不能太简单，太简单的计划会让我们一直生活在舒适区，不能督促我们前进。

再次，要把目标化作行动。与制订目标相比，把目标付诸行动要难得多。如果不把目标化为行动，那么我们制订的目标就毫无意义了。我们可以白天按照计划表完成任务，晚上检查并总结一下目标的达成情况，这样就能很好地把计划执行下去。

最后，要根据情况灵活调整计划。俗话说“计划没变化快”，我们制订的计划一般都过于理想，但实际学习情况会经常发生变化，这个时候要根据需要及时调整计划，让计划助力我们的学习。

高效学习法

我的作文学习计划

制订学习计划表能让我们的学习明确高效，因此，我们可以拟订一个包含整个学期长远计划和短期计划的学习计划表，也可以制作针对某个知识板块的学习计划表。如果我们的作文水平有待提高，那么就可以制订一个作文学习计划表。

实例如下：

我的作文学习计划表

学期计划	写 20 篇作文练习，其中投稿 6 篇		完成情况
第一周计划： 1. 写一篇描写人的记叙文。 2. 背 10 个成语。 3. 读优秀范文，摘抄好词好句好段并背诵。	周一	1. 确定要写的作文的题目。 2. 背两个成语，并把成语的意思和例句抄在笔记本中。 3. 读两篇优秀范文，把范文中的好词好句好段抄在笔记本中。	
	周二	……	
	周三	……	
	周四	……	
	周五	……	
第二周计划：	周一	……	
	周二	……	
	……	……	

2 Day 兴趣是最好的老师

小庄各科学习成绩都很好，唯独语文成绩差。妈妈问小庄为什么会这样，小庄说他对语文不感兴趣，一上课就想睡觉，课下也不想复习。

如果一个人对某个领域不感兴趣，那么他就很难在这个领域获得好成绩。小庄对语文不感兴趣，他语文成绩差也是意料之中的事情。但兴趣是可以后天培养的。那么，我们要如何培养学习语文的兴趣呢？

首先，积累成功经验。很多同学对语文不感兴趣，是因为在这个学科上没有取得什么成绩。那就要多积累成功的经验，比如，每天学习三个成语、十个生字，一周写一篇读后感，养成记日记的好习惯等。把这些都完成了，自然会获得成功的喜悦，成绩也会越来越好，兴趣也就在不知不觉中培养起来了。

其次，学会兴趣迁移。虽然我们学习的课本是一样的，但我们学习的方式可以是多样的。把有利于学习的兴趣迁移到学习中，这样学习兴趣就会慢慢被培养起来。比如，我们不喜欢记成语，而喜欢听故事，那么我们就可以听成语故事，这样既提高了学习兴趣，也达到了记成语的目的。

再次，树立学习语文的信心。在学习语文时遇到困难，不要灰心丧气，要有意识地激励自己，进行心理上的自我暗示，比如，我一定要写好作文，我一定要默写正确所有的古诗词等。自信心树立起来了，兴趣的培养也就变得轻而易举了。

最后，多参加一些社团。学校有很多社团，如文学社、外语角、科技社等，这些社团经常会举办一些有趣的活动，通过参加活动，我们可以学习课堂上没有学过的一些知识，也能接触很多有共同兴趣爱好的人，有利于培养我们的学习兴趣。

高效学习法

用游戏培养兴趣

很多同学对学习提不起兴趣，但或多或少都有自己喜欢的游戏。用游戏的方式学习语文，就能很容易地培养起学习的兴趣。那么，有哪些游戏可以培养学习兴趣呢？

你画我猜：一个同学通过画简笔画来描述某个词语或成语，另一个同学猜。

成语接龙：一个成语的尾字与另一个成语的首字相接，形成一个首尾相连的成语组。

猜字谜：根据汉字的结构特点编写字谜，然后让同学猜。

因为游戏有规则和竞争性，很容易就能调动参与者的积极性，要想在游戏中获胜，参与者就要积极主动地学习相关知识，学习语文的兴趣也会被潜移默化地培养起来。

3 Day 好习惯是培养出来的

小瑞在学习上总是拖拖拉拉、马马虎虎，三天打鱼，两天晒网，自律性很差，如果没有人督促她，她就不会主动去学习任何东西，这令她的爸爸妈妈和老师都很头疼。

一个自律性很差的人，很难有良好的学习习惯。小瑞的学习需要外在力量的推动，是自律性差的表现，也是没有养成良好学习习惯的必然结果。那么，我们该如何养成良好的学习习惯呢？

一是在固定的时间内重复做相同或相似的事情。给自己制订一个学习计划，然后在固定的时间去执行这些学习计划，久而久之就会养成习惯。比如，在晨读的时候背诵一首古诗词，晚上睡觉前读一篇优美的散文等。

二是发挥自己的优势，多做自己擅长的事情。习惯就是经常重复做我们喜欢做的事情。在学习的过程中，发掘自身的优势，然后多加练习，这样就能很容易养成学习习惯。比如，作文写得好，就能养成写日记或者写读后感的习惯。

三是把经验转化为习惯。有些学习经验是老师和学生共同总结出来的，把这些经验转化为习惯，会让我们在学习上快速取得进步。比如，上课认真听讲、做课堂笔记、阅读时做读书笔记等都是很好的学习经验，经常用这样的方法学习，也就养成了良好的学习习惯。

四是给养成好习惯一个合理的期限。科学研究发现，养成不同的习惯需要的时间不同，有些习惯可能两个星期就养成了，而有些习惯则需要一年甚至更久的时间才能养成。我们要养成一个好的习惯，既不能图快，也不能没有时间观念，而是要循序渐进，每天完成一个小目标。与养成良好的习惯相比，培养习惯的过程也会让我们受益匪浅，让我们懂得坚持的意义。

高效学习法

做课堂笔记的习惯

好记性不如烂笔头，在课堂上认真听讲并做好课堂笔记，有利于课后复习巩固。具体做法是在听讲的时候，对重点内容、疑难问题、关键语句进行“圈、点、勾、画”，把一些关键性的词句记下来，方便课后复习；对没弄明白的地方也做好标记，方便课后询问老师或者同学。有实验表明，上课做课堂笔记的学习效果是不做课堂笔记的学习效果的 1.5~2.5 倍。

范例

这次，我看到了草原。那里的天比别处的更可爱，空气是那么清鲜，天空是那么明朗，使我总想高歌一曲，表示我满心的愉快。在天底下，一碧千里，而并不茫茫。四面都有小丘，平地是绿的，小丘也是绿的。羊群一会儿上了小丘，一会儿又下来，走在哪里都像给无边的绿毯绣上了白色的大花。那些小丘的线条是那么柔美，就像只用绿色渲染，不用墨线勾勒的中国画那样，到处翠色欲流，轻轻流入云际。这种境界，既使人惊叹，又叫人舒服，既愿久立四望，又想坐下低吟一首奇丽的小诗。在这境界里，连骏马和大牛都有时候静立不动，好像回味着草原的无限乐趣。

画线句运用了什么修辞手法？

第2章

这样学语文更高效

4 Day

用好工具书

小牛的语文成绩非常好，尤其是在字词以及文言文方面，只要你问他就没有答不上来的。同学们都很崇拜他，问他是如何做到的，他的回答是要用好工具书。

在学习过程中遇到的问题，很少能在课堂上完全解决了，课下也很难做到随时问老师。像小牛这样学习成绩好的学生，其实都是自学的高手，学习中他们必不可少的就是工具书。无论是字还是词，只要翻开工具书，我们就能得到一个满意的答案。那么，我们该如何用好工具书呢？

一是选好工具书。现在的工具书非常多，要根据老师的推荐，选择权威版本和最新版本，保证自己使用的工具书是正确可靠的。

二是尝试着背一下字词典。这里所说的背诵字词典，并不是按部就班地背诵，而是背诵那些课文中经常出现的字词以及我们比较感兴趣的字词。比如，成语有四字的、五字的、八字的，我们可以挑选一些来记；还有一些成语来自典故，我们也可以挑出来记忆。

三是查询并抄录。无论是课内阅读还是课外阅读，遇到不懂的字词都应使用工具书查找，并把查到的注音、字义、词义记在页面的空白处。要想在以后经常翻看，还可以把这些字词记在读书笔记中，做成一个工具书摘抄本。

四是相关词语一起抄。我们用工具书查找字词的时候，也可以把该词语的近义词和反义词一并查出来，弄清楚它们的意思和用法，这样可以加深我们对这个词的理解和记忆，还可以扩大自己的词汇量。

五是养成使用工具书的好习惯。自己不懂的字词要查，课本中有注释，但仍不是很懂的字词也要查。因为工具书比课本解释得更加全面，养成经常查工具书的习惯，我们的收获就会更多。

高效学习法

两种查字典的常规方法

音序查字法

先根据音节的声母（没有声母的音节看第一个字母），再结合“音节表”查这个字。比如，查“问”这个字，就可以先查“W”，然后再查“wèn”，就能查到这个字所在的页码。

部首查字法

先确定要查字的部首，然后数清部首的笔画，再根据笔画数从“部首目录”中找到这个部首，然后数一下除去部首后的部分的笔画数，在“检字表”中找到所要查找的字，最后就可以确定这个字在字典中的位置。例如，“打”字，先查“打”的部首“扌”，“扌”共3画，从“部首目录”三画栏中找到“扌”在“检字表”中的页码，然后从该页“扌”字部中按右面部件“丁”的笔画数找2画的字，找到“打”所在的正文页码，最后按照正文页码就可以查到这个字。

5 Day 扩大知识储备

小丹一写作文就犯愁，而邻桌珊珊的作文写得非常好，课外知识储备也很丰富，周围的同学有什么问题都喜欢问她。珊珊告诉小丹：“你之所以写不出作文，是因为知识积累太少。”

你是不是也像小丹一样，一写作文就犯愁呢？其实，这是知识积累太少的缘故。反观她的同桌珊珊为什么有这么多的知识储备呢？原来珊珊不仅在课堂上注意听讲，课后也喜欢阅读一些课外书，还经常参加一些生活实践活动。

现在我们获取知识的渠道非常多，也十分方便。在选择课外阅读的书时，一定要挑选那些对学习有实际帮助的书。只要我们持之以恒地阅读，我们的知识面就会更加宽广，词汇也会更加丰富。下面，我们来学习几种能让我们快速积累大量知识的方法。

第一种是粗读法。一般来说，对于一些新闻资讯，我们只需要读一读标题，粗略了解一下就可以知道大致的内容。这既节省了时间，也达到了阅读的目的。

第二种是精读法。精读要逐字逐句，慢慢咀嚼，边阅读边思考，提取文字中对我们有用的信息，提高我们分析问题的能力。

第三种是摘录法。我们可以准备一个笔记本，在阅读的过程中，把一些优美的词句记录下来，然后每天反复阅读，久而久之就能把这些知识记住。

高效学习法

涂涂画画读书法

在读书的时候“涂涂画画”，能增强读书的效果。

①标序号。在段落前标序号，可以了解这篇文章由多少个段落组成。②圈生字词。把阅读过程中遇到的生字词用笔圈画出来，方便后面查字典。③画横线。对于优美的词句可以用笔画出来，方便记忆。也可以换一种颜色的笔，把难理解的内容画出来并标上问号。

6 Day 有感情地朗读课文

老师让菲菲有感情地为大家朗读一下课文，这下可把菲菲难住了。她读得不是快就是慢，声音不是高就是低，很难在朗读的过程中注入个人情感，显得十分机械生硬。

有感情地朗读课文可以帮助我们理解文意，但它对朗读者的要求也比较高。菲菲就是不懂得如何有感情地朗读课文。那么，我们该如何掌握有感情地朗读课文的技巧呢？

首先，消除课文中的生字词障碍。先借助工具书，把课文中生字词的读音和字义弄明白，这样在朗读的时候，就不会因为有不认识的字而影响朗读节奏。

其次，正确朗读。朗读的时候，不仅要读正确字音，而且不能有多字、漏字的情况发生。

再次，流利地朗读。阅读的时候，语速不能太快也不能太慢，吐字要清晰，在需要停顿的时候要做适当的停顿，语调也要根据内容的不同有轻重变化。

最后，有感情地朗读。要想准确而有感情地朗读，还需要了解一下文章的创作背景，知道作者写这篇文章想要表达的情感，怀着与其对应的情感朗读，可以产生更生动的情感表达效果。

高效学习法

读给他人听

朗读是学习中的重要组成部分，掌握朗读的技巧，对于我们的语文学习有很大的帮助。我们可以挑选一些自己喜欢的文章，反复练习有感情地朗读，等到我们练习得差不多了，可以朗读给同学、爸爸妈妈、爷爷奶奶听，让他们来帮助我们找到阅读中的问题。另外，有感情地给他人朗读课文，还可以受到他人的鼓励，让自己更有学习朗读的动力。

7 Day

预习让学习更轻松

小海最近上课总是手忙脚乱的。开始上课的时候，他不知道老师讲到了哪里；老师上次课布置的任务，他也没有准备；遇到老师提问，他更是回答不上来。老师说这是小海上课之前没预习的缘故。

有很多同学像小海一样，课前不预习。他们认为老师上课会讲，课前没必要浪费时间预习。但实践证明，课前不预习的学习效果较差。对于语文学科来说，预习是十分有必要的，由于语文的课文较长，内容较多，导致课程具有一定的连贯性。预习不仅能让我们对将要学习的知识有个大致的了解，也能把前面的知识联系起来。这样，我们就能对老师讲的内容胸有成竹，变被动听课为主动学习。

那么如何做好语文预习呢？下面就来介绍一下预习语

文的好方法。

首先，我们要把将学习的内容提前看一遍，对于不认识的字、不清楚的词，通过查阅字词典弄清读音与含义。

其次，可以默读一遍课文，如果条件允许，也可以朗读出来，以加深对课文的印象。如果遇到不理解的内容，就做个标记，在上课的时候认真听讲或课下寻求老师的帮助。

再次，简单分析要学的课文，看看与上节课的知识有什么联系，把新旧知识联系起来，简单划分一下段落，概括一下文章主旨，但不用花费太多时间，也不用在意分析得是否正确。

最后，对于难度大且重要的课文，可以适当做些习题；对于一些难以理解的内容，提出疑问，带着疑问去听课。

总之，预习就是要做到心中有数，减少听课时的盲目性，提高听课的效率。

高效学习法

我的语文预习笔记

1. 我预习的课文是《观潮》，这篇课文总共有______段。

2. 课文注音认识的生字词有：________________。

   查字典认识的生字词有：________________。

3. 是否摘抄并积累文中的优美句段。是 □ 否 □

4. 是否归纳各个段落的大意。是 □ 否 □

   各段落的大意如下：

____

____

____

____

____

____

____。

5. 我预习中遇到的问题

（1）作者是按照什么顺序描写钱塘江大潮的？

____

（2）第⑤段作者描写余波有什么作用？

____

8 Day 如何让复习更高效

快要期末考试了，妞妞整天忙着复习，想要在期末考试时取得好成绩。可最终她的语文成绩并不理想。“我努力复习了啊！为什么会考成这样？”妞妞感到很失落。

平时成绩很好，考试之前也认真复习，那为什么考试成绩不理想呢？如果你的情况也跟妞妞一样，那一定是复习方法不对。我们都知道，学过的知识，如果不及时复习、反复练习，很容易就会遗忘。平时不复习，考试前临时抱佛脚，复习效果肯定也不理想。

怎样才能提高语文学科的复习效率呢？下面我们就来

介绍几种提高语文复习效率的方法。

首先，我们要列出一个知识提纲。复习的时候，厘清头绪，按照知识提纲复习，思路会更加清晰，便于找到知识点之间的联系，把零散的知识汇编成一个体系。

其次，要经常复习。时间一久，那些学过的知识点就会被遗忘，所以，我们要及时复习，反复记忆，这样重要知识点才会被我们牢牢掌握。

再次，复习要有侧重点。并不是所有的知识我们都掌握得不牢固，应找出自己的薄弱环节，重点花时间复习。比如，我们通常是前面学的知识掌握得比较牢固，后面学的知识掌握得不够牢固，所以我们可以重点复习后学的知识点，从后往前复习就是一个好方法。

最后，坚持背诵与默写。语文学科最大的特点就是很多知识点需要记忆。生字、词语、成语、古诗词、文言文以及一些优美的散文，都需要背诵和默写。默写可以加深背诵的效果，同时将背诵的成果展示出来。

高效学习法

卡片记忆法

购买或自己制作一些卡片，在卡片上写下尚未掌握牢固的生字词和古诗词，每天选择几张卡片随身携带，随时记忆。每记住一张卡片，就把它放进一个箱子里。待要记忆的卡片全记完了，再从箱子里倒出卡片，重新记忆。

这种方法快捷灵活，还很有趣。由于卡片上的内容比较少，所以每次我们都能把卡片上的内容记下来，内心会产生学习的喜悦，久而久之，记住的知识就会越来越多。

掩耳盗铃

揠苗助长

守株待兔

登鹳雀楼

唐　王之涣

白日依山尽，黄河入海流。

欲穷千里目，更上一层楼。

第3章

攻克语文重难点

9 Day 生字词障碍要扫除

一提到生字词，亮亮就发蒙。他觉得要学习的生字词太多了，新的字词还没学会，旧的字词又忘了。每次老师让他默写生字词，他总是有很多不会写。

小学语文学习的第一步就是扫清生字词的障碍。如果遇到的生字词太多，阅读课文就会困难重重，更别提理解课文内容了。你有和亮亮同样的烦恼吗？要记的生字词很多，记不住、易记混，哪些方法能让我们快速记住生字词呢？下面我们就来介绍几种有趣且实用的方法。

一是猜词法。在阅读过程中，遇到不认识的字词，不要急于翻字典，我们可以根据文意猜猜它的意思，这样不仅能提高阅读速度，还能使我们的理解能力在实践中得到锻炼和提高。

二是谜语记忆法。有些汉字虽然笔画比较多，但有一定的规律，根据汉字的字形特点，再配合上字谜，无论多么难的字，通过这种有趣的方式都能牢牢记住。比如，王大娘、白大娘，并排坐在石头上，猜一个字。那么，这个字谜的谜底很容易就能被猜到是“碧”。

三是故事记忆法。比起枯燥的汉字，小学生更喜欢听故事。根据生字词的特点编一个小故事，这样不仅锻炼了语言表达能力，生字词也会被深深地印在脑海里。

四是拆分记忆法。对于笔画较多的字，我们可以把它拆分成几个单独的字来记忆。如“赢”字的笔画比较多，我们就可以把它拆分为“亡”“口”“月”“贝”“凡”来记忆。

五是比较记忆法。有很多字的字形很相似，容易记混，这个时候可以用比较记忆法来记忆，如“戌”“戍”“戊”这3个字十分相似，就可以对它们进行对比，找出它们的相同点和不同点，再结合字义进行记忆。

高效学习法

趣味记生字词

机械地记忆生字词是枯燥乏味的，也很难记得住。但如果把记忆生字词融进生活和游戏中，趣味就会多很多，记忆生字词也不再是令人头疼的事情了。

你演我猜

课间或者放学后，几个同学可以玩“你演我猜”的游戏。一个同学用动作表演词语或成语，让另一个同学来猜。猜对了有奖励，猜错了有惩罚。

编顺口溜

根据汉字的字形或者字义编顺口溜，可以辅助自己记忆，也可以把它当作一项技能考验同学。比如，通过“包”字的顺口溜“有水冒气泡，有足就能跑，有火放鞭炮”就可以把“泡、跑、炮”这三个字顺利记住。

巧用在生活中

可以把刚学会的生字词用在生活中。比如，夸人聪明，就可以用“足智多谋”；夸人好看，就用“沉鱼落雁”；夸人诚实，就用“言而有信”。

10 Day 跟错别字说“拜拜”

看图写话虽然没几个字，但是文文却总能写错好几个字，每次老师都对文文说：“你作文写得挺好的，就是错别字太多了！”

有些字会读会用，但是一写就错。就像文文作文写得虽然好，但是错别字太多，给老师的印象也不好。下面我们就一起来看看有哪些方法可以帮助我们减少错别字吧！

首先，我们要多了解汉字的来源与变化过程。汉字有一个长期演变的过程，弄清了汉字的来历，你就能清楚地知道汉字的本义和引申义，这样就不容易写错了。

其次，我们要了解错别字的类型。把我们经常写错的字分分类，比如，哪些是因为字形导致的错误，哪些是因为字音导致的错误，等等。把这些错别字分好类，找到它们彼此之间的差异，以后再写这些字时就不容易出错了。

再次，对有疑问的字词要及时查字典确认，不要单纯地从字面上猜测。比如，“七月流火”这个词，很多同学都误认为是在形容天气很热，但它的正确含义是天气开始转凉。通过工具书确认字词的含义之后，就很难再犯同样的错误了。

最后，要经常复习那些易被写错的字词。长时间不复习，前面已经掌握的知识，在后面也可能忘记，尤其是错别字，所以必须经常复习。

高效学习法

相互提问法

错别字是很多小学生经常犯的错误，复习起来难度也大，并且由于小学生自我管理的意识不强，一旦觉得学习起来很难或者枯燥乏味，就会放弃学习。

相互提问法可以很好地解决这个问题。两个小学生都准备一些易写错的字词，然后向对方提问。毫无疑问，提问的一方想难倒被提问的一方，在这种好胜心的驱使之下，两个人都会集中精力，不遗余力地扫除错别字。这种方法不仅趣味性强，效率也会非常高。

11 Day 找对近义词、反义词

天天在学习上遇到了瓶颈，近义词和反义词弄不清，遇到这类的题，他不是答不上来，就是答错，他不知道该怎么办。

近义词和反义词是小学语文学习的重点、难点，也是考试常考的题型之一，像天天这样搞不清近义词、反义词的学生不在少数。其中最关键的因素有三点：一是词汇量太少；二是没能正确理解词语的含义；三是没有掌握解题技巧。我们要想解决这个难题，可以从以下几个方面入手。

要增加自己的词汇量。俗话说“巧妇难为无米之炊”，词汇量不足，是弄清近义词和反义词的最大障碍，平时要多阅读，多查字典，增加自己的词汇量。

要正确理解词语的含义。无论是近义词还是反义词，其重点都在“义”上，正确理解词语的意思，是我们找近义词和反义词的依据。

做好了以上两个准备之后，掌握正确的方法也很关键。找近义词和反义词的方法一般有以下几种。

一种是关键字法。通过观察和比较发现，一个词语中，往往会有一些关键字，这些字决定着整个词语的意思。比如，“疲惫”“疲乏”“疲倦”都是近义词。

二是先否定原词，再找反义词。在为词语找反义词的时候，可以在词语前面加个否定词，变找反义词为找近义词，这样找反义词就会更轻松。比如，找“安全”的反义词，就可以在“安全”前面加个“不”字，变成找“不安全”的近义词，这样很容易就找到“危险”这个词了。

三是根据语境找近义词、反义词。因为词语在不同的语境中有不同的含义，所以要根据它在具体语境中的含义来找近义词和反义词。比如，“老”的近义词有“旧”“故”“陈”等，反义词有“少”“幼”“新”“嫩”等，要根据具体的语言环境来确定近义词和反义词。

高效学习法

巧用工具书做归纳

要想掌握更多的近义词、反义词，增加词汇量，理解词语的正确含义最关键，而帮助我们正确理解词语含义的方法就是巧用工具书。

首先，我们准备好字典、词典，尤其是近义词、反义词词典，这些是我们查阅字词含义的工具书。

其次，准备一个笔记本，把我们在课内、课外阅读中遇到的不理解的词语进行分类归纳，然后记下来。

再次，查字词典，弄明白笔记本中每个词语的含义，然后再利用近义词、反义词词典，把这些词语的近义词、反义词都记录下来。

最后，经常翻阅这个笔记本，慢慢地，就会发现近义词、反义词对我们来说已经是小菜一碟了。

12 Day 学习成语方法多

跳跳知道的成语特别多，他经常在日常言谈中运用成语，同学们都叫他“成语大王”。飞飞非常羡慕跳跳，也想多学点成语，成为“成语大王”。

成语是中华词库的精髓，它们是一种高度凝练的固定短语。成语来自古代的经典著作、历史典故或者民间故事，有着非常丰厚的文化内涵，无论是在工作中还是在学习中，它们的使用频率都非常高。像跳跳那样，把成语运用在日常的交谈中，能给自己的语言增添不少色彩。那么，该如何学习成语呢？下面我们来介绍一些学习成语的好方法。

首先，结合成语故事去学习。单独记忆成语的含义是枯燥乏味的，也很难记住。成语跟其他词语不同，一般的成语都有出处和来历，有的甚至有故事。结合成语故事记成语，一方面能知道这个成语是如何形成的，另一方面也使学习的过程变得有趣，激发我们学习成语的积极性。比如，守株待兔、叶公好龙、掩耳盗铃等成语都来自很有趣的成语故事。

其次，把成语放到具体语境中去学习。在阅读过程中，如果我们遇到了一些成语，不必急于查阅词典，可根据上下文来推断成语的含义。如果实在理解不了，再去查词典。

再次，要经常使用成语。学习成语的目的就是使用成语，经常有意识地锻炼自己使用成语的能力，不仅能帮助我们熟练地掌握成语，还能使我们的语言表达更具感染力。

最后，学习成语的方法要灵活。要快速熟练地掌握成语，可以经常用成语造句，也可以制作成语卡片，让爸爸妈妈通过卡片来考查我们学习成语的具体情况，还可以做与成语相关的小游戏，如“我画你猜”“成语接龙”等。

高效学习法

成语接龙法记成语

要想使成语的学习更加有趣且有动力，不妨采用“成语接龙”法。

“成语接龙”是一个竞争性的游戏，它有着严格的规定。一般情况下，采用成语字头与字尾相连、不断延伸的方法进行接龙。在玩这个游戏时，应注意以下几点。

一是在成语接龙中，第一个成语的首字被称为龙头字，首尾相接的这个字叫作关节字。

二是严格规则下，前一个成语的尾字与下一个成语的首字必须为同一个字。

三是在同一龙头字下的成语不得有重复。

四是所选用的成语必须是一般成语词典上能查到的。

范例

马到功成	→	成千上万	→	万事如意	→	意味深长
						↓
死而后生	←	出生入死	←	入不敷出	←	长驱直入
↓						
生龙活虎	→	虎虎生威	→	威风八面	→	面目全非
						↓
势均力敌	←	虚张声势	←	故弄玄虚	←	非亲非故

13 Day 攻克句子缩写和扩写

下午自习课上，同学们都在写作业，而磊磊却怎么也写不下去了，对于缩写、扩写句子这类题型，他一看到就发愁，真的不知道该怎么办。

无论是缩写句子还是扩写句子，首先要弄清句子的意思，然后才可以对句子进行缩写或者扩写。这类题型对学生的语言运用能力要求很高，经常练习缩写、扩写句子不仅可以增强对语法的认识，还可以提高写作水平。那么，我们该如何练习呢？

首先要分析句子成分。认真读句子，把主语、谓语和宾语标出来，比如：我经常打篮球。句中“我”是主语，“打”是谓语，“篮球”是宾语。

其次，根据要求，删除或者增加修饰成分。缩写句子是要保留句子的主要成分（主谓宾），尽可能地删掉修饰词；扩写句子是要增加修饰词，使整个句子更加优美，包含的信息也更多。

最后，要多做练习。任何知识仅仅了解是不行的，要多做练习，才能熟练掌握。时间久了，对分析句子成分和写作都有很大帮助。

高效学习法

巧用课文做练习

无论是缩写还是扩写，经常做练习很重要。那么我们可以用哪些句子做练习呢？课文中的句子无疑是最好的素材，因为这些课文都是教育专家们精心挑选的，这些文章在语言运用上无疑更适合小学生。

首先从课文中摘抄一些优美的句子，文章题材要多样，语句描述的事物要宽泛，写人、记事、写景、抒情、议论等都要包含。

其次，要经常对这些句子进行缩写和扩写，看一看是你写得好还是课文中的句子更优美。

14 Day

仿写句子多练习

在仿写句子的时候，牛牛能写出形式与例句相似的句子，但仿写的句子的意思与例句的关联性不强，所以往往会被扣分。

句子仿写，一般是要求写出与例句结构相似、意思相关联的句子，所以它跟一般的造句和写作文不一样，对例句把握不准，理解不透，就很难做好仿写。牛牛能写出结构相似的句子，但是很难写出意思相关联的句子，这是没掌握好仿写句子的方法。那么，我们如何才能做好句子仿写呢？

首先，要仔细分析例句，找出例句在结构上的相同点。简单说来，就是在结构上要注重形式一致，着重分析例句的句子成分、所用的修辞手法等，使仿句在语法上与例句相同。

其次，就是重视仿句与例句在内容上的相关性，使仿句在陈述对象、思想内容、语气语调和情感基调等方面与例句前后连贯、语意衔接。

比如，下面这个仿写题。

例句：人们都爱秋天，爱她的天高气爽，爱她的香飘四野。

仿句：人们都爱______，______，______。

分析例句中的主旨是描写“秋天”，而后面的“天高气爽”和“香飘四野”是秋天的特征，所以仿句要写一个季节，如果我们选择“夏天”，那么与夏天相关的特征就是“烈日炎炎”和“瓜果飘香”，这样仿句就很容易写出来了。

最后，对于复杂的仿写句子，我们还要深入分析，从整体入手，筛选有用信息，把例句中的相同点都迁移到仿句中，针对例句中的不同点，加以拓展和创新，使仿句达到结构相同、意思相关、语意衔接的仿写要求。

高效学习法

先仿写后改写，提高写作水平

经常练习仿写句子，可以使我们运用语言的能力提高，写出的句子也更加有文采。但仿写作文与仿写句子有很大不同，我们来看一看如何高效仿写作文吧。

首先，从整体入手

对文章的描述对象、描述顺序、描述方法等进行调整。比如，把描述对象由物改成人，把描述顺序从由远及近改成由近及远，把文章的结构由“总→分”改成“总→分→总”等，都可以极大地摆脱范文的影子。

其次，从局部入手

把一个段落分成好几个层次，调整其详略。丰富可以表现主题的内容，删减与主题关联不大的内容。针对句子，可以改变它的成分、修辞手法等。

最后，在仿写的基础上进行改写

仿写是基础，改写是拔高，主观能动性在改写中起着关键作用，在文章中加入自己的想法越多，写出的文章就越有创意。

15 Day 修改病句可以这样做

这节语文课又是修改病句，曼曼对此感到很头疼，上次病句课她就没有听明白，这次课她听得也是一头雾水。

修改病句是小学语文学习中的重难点，很多小学生都像曼曼一样，对修改病句感到无所适从，其主要原因是没有掌握修改病句的方法。那么，我们如何做才能学会修改病句呢？

一是紧缩法。这是一种常用的语法分析方法。先提取句子的主干即主谓宾，把附加成分（定语、状语和补语）都去掉，检查句子的主干部分是否存在成分残缺、搭配不当的语病。检查完主干部分之后，再检查修饰语部分，看是否存在搭配不当或者语序不当等问题。

二是类比法。如果句子成分比较复杂，导致我们对具体的语病问题把握不准，就可以仿照原句的格式进行造句，通过比对，发现语病所在。比如，“在联欢会上，我们听到悦耳的歌声和优美的舞蹈”可以用“我们听到歌声和舞蹈”类比，从而找出语病是搭配不当。

三是语感审读法。由于经常阅读，我们会形成一定的语感。在判断病句的时候，可以调动语感，即在阅读过程中，如果这个句子读起来不通顺，不符合我们的阅读习惯，那么这个句子很有可能存在语病，然后明辨原因，再加以修改。

四是逻辑分析法。在语法上找不到语病的时候，就要从事物的客观规律上去寻找，看它是否符合常理。这种方法要从概念、判断、推理等方面入手。比如，“他工作非常努力，每天工作 36 个小时。”语法上没问题，但一天是 24 个小时，不是 36 个小时，不符合逻辑。所以可以判定该句的语病是不合逻辑。

高效学习法

修改病句“五字法”

病句的类型复杂多样，我们在修改病句的过程中要遵循一定的步骤方法，才能快速修改好病句。修改病句“五字法”就是一解、二读、三找、四改、五查。

一解：了解病句的几种常见类型以及修改病句的常用方法。

二读：读懂句子，明白句子所要表达的含义。

三找：找出句子具有哪种语病。

四改：找出语病之后，经过认真思考，采用增、删、调、换等方法，对错误的地方进行改正。

五查：修改完病句后，再仔细检查一下，看看语病是否都修改完了、有没有改变句子的原意等。

16 Day 用对标点符号

磊磊是个小马虎，平时做作业不认真，很多浅显的知识点都被他搞错了，像标点符号这种比较细小的知识点，他就更掌握不好了。

标点符号是标号和点号的统称，由于有些标点的功能相似，很多同学不清楚该如何断句，在什么地方用什么标点，于是就随意书写，混乱表达，甚至造成知识点的错误。那么，我们该如何正确使用标点符号呢？

首先，知道标点符号的重要用途。标点符号是一篇文章的重要组成部分，正确使用标点符号，可以使文章读起来更加通顺，不会产生歧义。

其次，懂得标点符号的书写规范。句号、问号、感叹号、逗号、顿号、分号和冒号，这七种点号都占一个字的位置，放在句末的右下角。引号、括号、书名号的前一半和后一半都各占一个字的位置，它们的前一半可以放在一行的开头，但不出现在一行的末尾，后一半不出现在一行的开头。破折号和省略号书写时都放在字格中部，占两个字格。

最后，明确标点符号的正确使用方法。有些标点使用方法类似，功能差异不显著，要注意区分，比如，顿号、逗号、分号、句号，它们都可以表示停顿，但停顿有长短之分，反映的层次也有大小之别，不可混淆或颠倒。

高效学习法

快速掌握顿号的使用方法

句子中的并列词语或词组之间表示停顿，用顿号。比如，我喜欢吃水果，如苹果、梨子、桃、杏子、李子等。

如果句子中有多层并列关系，就需要把某些顿号升级为逗号，比如，维护班级纪律、营造良好学习氛围，需要你、我、他一起行动起来。另外，书名号、括号、引号，本身就有分隔的作用，它们之间一般不再用顿号隔开。例如，“四书”包括《论语》《孟子》《大学》《中庸》。

17 Day

读懂古诗词

小江觉得古诗词中的字虽然很少，但理解起来非常吃力。他向老师寻求帮助，老师告诉了他一些学习古诗词的方法，小江很快就掌握了所学的古诗词。

古诗词是一种高度凝练的语言形式，不反复读，很难理解它的含义。你是否也像小江那样很难理解古诗词？那么，我们应该如何读懂古诗词呢？

首先，对诗词的标题进行分析。诗词的标题一般会包括写作对象、写作重点或感情基调。如《赠汪伦》《赠刘景文》，从标题就可以知道是送别诗，诗词的写作对象也在诗的标题中体现出来了。

其次，读注释和译文。古诗词仅仅阅读一两遍是很难理解的，这个时候我们就要看一下诗词的注释和译文。注释一般会交代诗词的创作背景，解释难懂的字词，而译文是把整首诗由文言形式转化为白话文。当我们读完译文，然后再结合注释，那么诗词的大概内容就应该了解了。

再次，分析诗词。扫清了诗词的阅读障碍之后，我们还要对诗词进行深入的分析。不仅要分析诗词的体裁，运用了什么表现手法，有无关键字等；还要分析诗词表现的艺术形象，归纳诗人想要表现的主旨。

最后，背诵古诗词。要想牢牢掌握古诗词，我们还要把它背下来。这时就要从简单到复杂，培养自己背诵古诗词的兴趣，养成背诵古诗词的习惯。

高效学习法

分类联想法背古诗词

背诵古诗词，不能机械记忆，一定要掌握正确的方法，最基本的是要在理解的基础上进行背诵。另外，我们可以对古诗词进行分类，再根据诗词之间的相关性进行联想记忆。比如，我们可以对有关“花”的诗句进行分类，然后去记忆。如“夜来风雨声，花落知多少”“春去花还在，人来鸟不惊”等。

18 Day 学会找“诗眼”“词眼”

小云最近学习了很多古诗词，妈妈问小云会找“诗眼”“词眼”吗？小云一下子傻了眼，什么？诗词也有“眼睛”？

诗词是一种高度凝练的艺术形式，诗人在创作诗词的时候往往反复推敲，为了一个字而冥思苦想很久。唐代诗人卢延让在《苦吟》一诗中写道：“吟安一个字，捻断数茎须。”可见古人十分注重炼字，那么，什么是一首诗的“诗眼”呢？“诗眼”既可以是一个句子，也可以是一个字。它们共同的特点是能够体现诗篇的具体特征或者所蕴含的思想感情。那么，我们应该如何找“诗眼”呢？

一是能体现作者思想观点、情感态度的词，这类词一般具有浓厚的感情色彩。如《枫桥夜泊》“月落乌啼霜满天，江枫渔火对愁眠”中的“愁”字是全诗的“诗眼”。这首七绝以一“愁”字统领，把诗人的心情与外界的景物交融在一起，表现了诗人抑郁愁苦的心情。

二是那些概括性强，描写生动形象的词句。如宋祁《木兰花》中“闹”字运用了拟人的修辞手法，把春天生机勃勃的景象生动形象地展示了出来。“红杏枝头春意闹”这个句子就是全词的“词眼”。

三是能够统领全篇的字词。比如，《春夜喜雨》中的“诗眼”是“喜”字。“喜”字可以统领全诗，八句诗虽然未用一个“喜”字，但字里行间处处透露着喜意，是传情达意最为活跃、最能直接表露诗人情感的一个字。

高效学习法

根据词性找“诗眼”

我们可以结合作者的用字特点，从词性的角度，重点分析动词、形容词、数量词或虚词等。多注意这些词，就能很顺利地找到诗词的“眼睛”。

1 动词

动词能够使描写对象生动、传神。比如，王维《汉江临眺》中“郡邑浮前浦，波澜动远空”，“浮”与“动”可以作为全诗的诗眼，这两个字用得十分传神，以一种独特的视角把眼前的景色描写得更加生动形象。

2 形容词

形容词能够使描写对象更加形象、鲜明。比如，孟浩然《宿建德江》中“野旷天低树，江清月近人”一句，“低”和“近”两字运用了夸张的修辞手法，将所见景物做了一个鲜明的对比，营造出一种空阔寂寥的环境氛围，衬托出诗人的孤单与寂寞。

3 数量词

诗词中的某些数量词能够通过数量的比较表现句子或诗篇的情感、景物特色等。如王之涣《凉州词》“一片孤城万仞山”中的“一片”，表现了这座城处境的孤危，以此勾画出一幅孤寒、萧索的景象。

19 Day 文言文可以这样背

小云最近正在学习文言文，这是新接触的知识。文言文读起来很拗口，也不容易理解，背起来就更困难了。小云不知道该怎么背诵文言文。

对于小学生来说，文言文是一个很难的知识点，大部分小学生应该都遇到过小云的这种情况。文言文的篇幅比诗词的篇幅更长，句子长短不一，没有什么规律可循，单靠死记硬背，不仅耗费大量的时间和精力，而且很难记准确。

针对文言文中的生字词和难以理解的句段，一方面我们可以通过教材的注释来理解，另一方面也可以借助工具书扫清阅读的障碍。理解文言文之后，就可以背诵文言文了，下面我们就介绍几种背诵文言文的方法。

一是抓关键词法。有些文言文虽然篇幅较长，但是依然有很明显的规律，这种规律就是文言文中的关键词语。在背诵的过程中，记住这几个关键词，再通过联想将这些关键词串连起来，基本上就能记住这篇文章了。

二是顺序背诵法。文言文的写作都有一定的规律，比如，时间顺序、空间顺序以及逻辑顺序等。按照文言文的写作顺序来梳理文章的思路，可以让背诵有规律可循。比如，《两小儿辩日》主要围绕太阳什么时候离人近、什么时候离人远的问题进行辩论。

三是翻译背诵法。白话文比文言文更容易理解。直接背诵文言文难度很大，如果把文言文译成白话文，先把白话文背好，然后再根据白话文的提示去背诵文言文就容易得多。

四是线索背诵法。文言文的体裁各不相同，有记叙文，也有议论文等，找到贯穿全篇的线索，对于我们快速记忆会有很大的帮助。

五是刚背会的文言文，要及时复习巩固，多背诵几遍，加强记忆，只有这样我们才能记得更加牢固。

高效学习法

限时背诵法

以上介绍的方法只对特定的文言文有效，但还有很多文言文没有什么规律可言，那用什么方法比较合适呢？

限时背诵法，就是在规定的时间内快速背诵要背的内容。这种方法适用于所有类型的文言文，可以让我们的精神高度集中，时间的紧迫性会增强记忆的效果。可以不断挑战自己背诵完全篇所用的最短时间，用时越少，则表明记得越牢。

抄诵法

俗话说：“抄一遍胜过读十遍。”针对要求背诵的文言文，我们在背诵之前可以先抄写几遍。具体的抄写方法是：开始是看一句抄一句，熟练之后就可以看几句抄几句，接着看一段抄一段，直到最后能完全不用看书就默写完。

在抄写的时间间隔内可以读几遍，读完再抄，抄完再读，反反复复，就能把要背的文言文记牢固。

20 Day 断句有妙法

圆圆读古诗词读得不通顺，有时候即便勉强读出来，老师也说她停顿的地方不对。圆圆对此感到十分沮丧。

古诗词中的语句跟我们平时读的白话文不同，不正确断句，不仅会影响阅读，也会阻碍正确理解句意。那么，我们应该如何掌握正确的断句方法呢？

一是按意义兼顾节奏来断句。律诗和绝句不仅字数比较整齐，而且断句也有规律可循。按照意义和节奏，一般可分为“二二”“二三”“二二一”“二一二”“四三”等，例如：举头／望／明月。

二是根据古代文化常识进行断句。例如：在象耳山下。“象耳山”是山名，不能断开。这句话应断句为：在 / 象耳山 / 下。

三是借助诗词的古今义做好停顿。例如，率妻子邑人来此绝境。“妻子”的古义是指“妻子和儿女”，不是今天所说的“妻子”。所以这句话应断句为：率 / 妻 / 子 / 邑人 / 来此绝境。

四是语气词前后要停顿。表示议论、推断、反问等语气的句子，在语气词的前面或者后面要稍加停顿，常见的语气词有“夫、盖、其、焉”等，比如，以夜继日焉。其中“焉”是句尾语气词，这句话应断句为：以夜继日 / 焉。

高效学习法

细分法

上文介绍了一般的常用方法，比较简单，如果遇到复杂的句子，用以上方法可能很难断句。这里我们介绍的一种方法叫细分法。这种方法是依次找出主语、宾语和谓语，再仔细分析句子的成分。比如，“湖阳公主新寡帝与共论朝臣微观其意”可以先找出主语“湖阳公主”“帝”，宾语为“朝臣”“意”，然后找出谓语“寡”“论”“观”，最后分析判断，即可做好断句。这句话应断句为：湖阳公主新寡 / 帝与共论朝臣 / 微观其意。

21 Day 熟练归纳段意和文章主旨

语文课上，老师让小艾归纳课文的主题思想，小艾急得满脸通红，也不知道从何入手，回答了好几次，老师都摇头说不对。

小艾之所以在归纳文章主旨时不知道从何入手，是因为她没有掌握归纳文章主旨的一些方法。老师为什么要让学生归纳文章的主题思想呢？归纳文章的主题思想有没有什么好方法呢？

文章的主旨就是作者通过这篇文章所表现的思想以及传达出来的价值观，正确理解文章的主旨是阅读的重要任务。归纳文章主旨的方法一般有以下几种。

一是看文章标题。文章都是围绕着标题来写的，它是对文章中心思想的高度概括。分析文章的标题，我们也能大概知道文章的内容。比如，《小蝌蚪找妈妈》这篇课文，从标题就能看出这篇课文的主人公是小蝌蚪，它要做的事情就是不断地去“找”，找的是“妈妈”。

二是分析文中的关键句。很多文章的开头句、结尾句都起到了提示文章主旨的作用。这些句子通常为议论性、抒情性的句子或者反复出现的句子。比如，《我的伯父鲁迅先生》一文，其中议论性的句子：“的确，伯父就是这样一个人，他为自己想得少，为别人想得多。”直接点出了文章的主题。

三是段意合并法。先归纳出各段的大意，然后再比较一下各个段落的共同点，把各段大意连接起来，就是文章的主旨了。

四是要素归纳法。记叙文一般包含时间、地点、人物和事件四要素。找出文中的四要素并合理组织它们，就能概括出文章的主旨。

高效学习法

巧妙选方法

在归纳段意和文章主旨的时候，方法一定要灵活。议论文的段意，一般会出现在段落开始或者末尾处，利用关键句摘录法即可，比较简单。

记叙文的段意归纳起来相对有难度，需要我们巧妙选用方法。重点词语串联法、节意归纳法、分层归纳法和要素罗列法是常用的方法。

范例

①我国的石拱桥有悠久的历史。《水经注》里提到的“旅人桥”，大约建成于公元二八二年，可能是有记载的最早的石桥了。②我国的石拱桥几乎到处都有。这些桥大小不一，形式多样，有许多是惊人的杰作。③其中最著名的当推河北省赵县的赵州桥，还有北京附近的卢沟桥。（茅以升《中国石拱桥》）

归纳这个段落大意，适合用分层归纳法，各层的意思分别是：①我国的石拱桥，历史悠久；②数量众多，形式多样；③有著名的石拱桥。归纳起来的段意就是：我国石拱桥的一般特点。

我的 21 天学习体验

经过这 21 天的学习，你一定有不少收获吧！把自己的学习体验在下面写一写，看看自己有哪些收获、哪些不足吧！

我的收获

我的不足

小学生21天高效学习法

唤醒孩子的学习脑

王轩 主编

攻克英语大难关

黑龙江科学技术出版社
HEILONGJIANG SCIENCE AND TECHNOLOGY PRESS

图书在版编目（C I P）数据

小学生高效学习法 ：21 天唤醒孩子的学习脑．攻克英语大难关 / 王轩主编．-- 哈尔滨 ：黑龙江科学技术出版社，2024.3

ISBN 978-7-5719-2253-5

Ⅰ．①小… Ⅱ．①王… Ⅲ．①英语课－小学－教学参考资料 Ⅳ．① G624

中国国家版本馆 CIP 数据核字（2024）第 058218 号

小学生高效学习法——21 天唤醒孩子的学习脑．攻克英语大难关

XIAOXUESHENG GAOXIAO XUEXIFA —— 21 TIAN HUANXING HAIZI DE XUEXI NAO. GONGKE YINGYU DA NANGUAN

王轩 主编

项目总监 薛方闻
责任编辑 李 聪
插　　画 文贤阁
排　　版 文贤阁
出　　版 黑龙江科学技术出版社
地址：哈尔滨市南岗区公安街 70-2 号 邮编：150007
电话：（0451）53642106 传真：（0451）53642143
网址：www.lkcbs.cn
发　　行 新华书店
印　　刷 天津泰宇印务有限公司
开　　本 710 mm×1000 mm 1/16
印　　张 4
字　　数 32 千字
版　　次 2024 年 3 月第 1 版
印　　次 2024 年 3 月第 1 次印刷
书　　号 ISBN 978-7-5719-2253-5
定　　价 128.00 元（全 6 册）

前言

不知道怎么预习，语文生字这边记了那边忘记，不知道怎么审数学题，英语单词总也记不牢……这样的问题你是不是也经常遇到？我们到底是在哪个环节出了问题呢？

在同一个教室里，面对同样的老师，花费相同的时间，但是有的同学学习好、进步快，这是为什么呢？

难道是因为自己太笨？其实，没有天生的笨学生，只有笨的学习方法。只要掌握高效学习法，你也能轻松提高学习成绩。

为了让大家全面系统地掌握高效学习法，我们编写了这套《小学生高效学习法——21 天唤醒孩子的学习脑》，书中结合孩子在学习过程中遇到的语文、数学、英语、作文、记忆力和考试等问题，先以小场景引出问题，再有针对性地介绍一些实用、高效的学习方法，最后再给出具体的学习技巧。不论你是在学习新知识的过程中，还是在巩固复习的阶段；不论你是学习具体的学科知识，还是提高自身的学习能力，本套书都能给你帮助，激发你的学习兴趣，帮你提高学习效率。

希望这套书能让大家树立正确的学习观念，全面掌握学习学科知识的方法，最终养成高效学习的习惯。希望大家在学习的过程中，真正把高效学习法贯穿始终，不断取得进步，从此学习更轻松、更高效，学习成绩越来越好。

目录

第 1 章　让英语学习变轻松

第 2 章　让学习英语更有效

第 3 章　攻克英语重难点

第1章

让英语学习变轻松

1 Day

课堂互动，调动积极性

小丽觉得英语课很无聊，老师只是一遍又一遍地讲解单词和语法规则，缺少课堂互动，她渐渐失去了学英语的兴趣。

我们有时也会像小丽一样觉得英语课很无聊，对英语提不起兴趣。这是因为缺乏学习英语的语言环境，再加上单调的课堂形式，所以我们对英语的学习热情一直不高，英语成绩也不尽如人意。为了改变这一状况，我们可以在老师的指导下开展形式多样的互动活动，调动我们的积极性，促进师生之间的交流。课堂互动的具体形式有哪些呢？

第一，在课堂的剩余时间里，我们可以选择自己感兴趣的主题，摘取一些自己喜欢的文章，适当调整文章的长度和难度，然后以演讲的形式呈现给全班同学。

第二，我们可以利用课前 5~10 分钟的时间，走到讲台上进行自由发言，可以报告天气情况、描述校园生活、述说自己的学习心得等。讲完之后，我们还可以根据自己所讲的话题提出小问题，与同学们进行互动。

第三，在老师的协助下，我们可以组织各种课堂小游戏，以巩固我们学过的单词。比如，猜单词、单词接力等，这些活动可以分组进行，也可以全班参与。

高效学习法

猜单词游戏

猜单词游戏既能增加我们的词汇量，又能增强团队合作和沟通交流能力，下面简单介绍一下游戏规则。

第一 学生每人写 10 个单词，可以规定词性或分类，老师将所有人的纸条收上来，打乱装进一个袋子里。

第二 游戏以分组的形式进行，每组 2 名选手参加，一人比画一人猜。每组 20 个词，限时 3 分钟。

第三 游戏开始时，一名同学背对黑板，另一名同学只能用手势或身体动作表达。

第四 规定时间内猜出最多单词的队伍获胜。最多只能跳过 3 个词语。

2 Day 学英语也要按部就班

小光升入四年级后，有点儿跟不上英语学习进度。爸爸告诉小光，你现在已经四年级了，按照原来的方法来学习就不合适了，最好给自己制订一份学习计划。

新的学期里，我们都会面临新的学习任务。年级越高，所学的内容就会越多，难度也就越大。英语学习更是如此。为了提高学习效率，制订一份学习计划就变得非常重要。如何制订学习计划呢？

第一，设定学习目标。我们要明确自己的目标，比如，提高听力、口语、阅读或写作能力等。确定目标后，我们可以将大目标分解为小目标，以便逐步达成目标。

第二，制订计划要全面。在制订计划的时候，一定要对自己的学习生活做出全面的安排，不仅包括学习时间，还要包括睡眠时间、娱乐时间等。

第三，计划一定要灵活。有时计划赶不上变化，现实生活会与计划产生冲突，比如，本来计划周末下午是读课外书的时间，如果这时候正好有朋友来找自己玩，那么当天的计划就完不成了。所以我们制订计划时，不要制订得太满、太紧，应留出一定的调整空间，休闲娱乐两不误。

由于认识和经验不足，我们制订的计划难免会有一些不合理的地方，这时我们可以请爸爸妈妈看一看学习计划是否具有可行性，同时也可以让他们提出一些意见，来改进我们的学习计划。

高效学习法

一周英语学习计划表

看，下面是一个四年级小朋友的一周英语学习计划表，同学们也可以制作一个计划表，让学习事半功倍。

一周英语学习计划表	
目标	增加词汇量，提高写作水平，培养语感
任务	1. 每天学习 10 个新单词，增加词汇量 2. 每天抄写一篇英语文章，提高书写水平 3. 一周写两篇作文，提高写作水平 4. 每天积累 3 个好词好句，及时记录和背诵 5. 每天阅读 30 分钟，培养语感
具体措施	1. 使用卡片记忆法，制作单词卡片，每天翻看、复习 2. 学习使用工具书 3. 选择作文话题，扩展思路，注意语法和拼写 4. 选择适当难度的文章，读懂文章内容，回答问题
时间安排	1. 每天早上背单词，睡前进行巩固 2. 放学做完作业之后，抄写英语文章 3. 利用课间休息的时间积累好词好句 4. 睡前回顾当天所学的内容，是否完成既定目标

3 Day

养成学习英语好习惯

英语课时，小峰总是走神，不能集中注意力。课下写作业时，小峰经常磨磨蹭蹭，还不愿意动脑筋。妈妈告诉小峰，这是因为他没有养成良好的学习习惯。

学习习惯是从小养成的，一个好的学习习惯不仅可以帮助我们取得好成绩，还能促进我们全面发展。那么，我们该如何养成良好的学习习惯呢？

第一，我们需要制订明确的学习计划，可以和爸爸妈妈一起拟订每天的学习时间表，安排好每天的英语学习时间，确保每天在固定的时间学习英语。同时，还可以给自己制定一个小目标，比如，每天学习 10 个新单词或每周背一篇英语范文，并在完成目标时给予奖励，激励自己坚持下去。

第二，我们要明白做作业是自己的事情，学习是自己的事情，只有自己独立完成作业，才能享受完成作业的成就感。

第三，上课积极回答老师的问题，减少走神的概率。当回答问题时，我们会更加专注于课堂内容，从而提高我们的专注度。

第四，坚持做笔记，它能够帮助我们整理和巩固所学的知识，也便于在后续的学习和复习中有效地回顾知识。因此，坚持做笔记不仅是学习的辅助手段，更是提升学习效果的关键步骤之一。

要养成良好的学习习惯，需要我们坚持不懈地努力和付出，让我们一起努力，真正享受到学习带来的快乐。

高效学习法

培养做作业前温习的好习惯

写作业之前可以先温习当天所学的知识，这样知识会掌握得更加牢固。那么，我们温习时应该注意什么呢？

第一 我们写作业之前回顾一下当天所学知识。

第二 知识点回顾结束后，我们还要看一遍课本，看完之后，将课本上的知识点默写在纸上。

第三 将写下来的知识点和课本上的知识点对比一下，看有没有疏漏或者错误的地方，认真学习还没有掌握的知识点。

第2章

让学习英语更有效

4 Day 预习做到心中有数

小唐总是等到老师教了才开始学习。上课的时候，他跟不上老师讲课的节奏；想记笔记，却不知道记什么；老师提问，他也回答不上来。老师说这是小唐不预习的缘故。

预习是学习的首要步骤，也是最关键的一个环节。预习可以帮助我们提前熟悉新的课程内容，扫除课堂学习的知识障碍，提高听课水平以及学习效率。那么，如何才能有效地预习呢？

第一，在预习新课程的时候，我们可以先浏览一下将要学习的内容，如果实在没有时间，哪怕是“见一面”，也是非常有用的。这样一来，我们在学习的时候可以做到心中有数。

第二，浏览一遍单词，根据词汇表的音标读一读单词，对于那些读不出来的和不认识的单词，可以做个记号。

第三，在预习的时候可将重难点记到笔记本上，课堂上，老师讲到我们不懂的知识点时，一定要认真听、认真思考。

高效学习法

温故知新预习法

温故知新预习法就是一种能兼顾新旧知识的预习方法，通常可以采取以下步骤。

第一

回顾已学内容。先回顾之前学过的相关知识，复习重点单词和语法。

第二

留意新知识与旧知识之间是否有关联。在学习过程中，新知识和旧知识之间是相互联系的，很多新知识都是对旧知识的延伸。复习旧知识对我们预习新知识也是有帮助的。

5 Day 好记性不如烂笔头

小童在英语课上一直在记笔记，都没有停笔，整个笔记本都写满了，可她还是不知道老师究竟讲了些什么。

所谓记笔记，并不是将课本上的知识点重新抄录一遍，而是要将课本上的重点知识有条不紊地整理成册。那么，怎样才能记好课堂笔记呢？

第一，课前预习，最好将新课程浏览一下，将重难点记录下来并带到课堂上。这样一来，我们既能够跟上老师的讲解，也能够有针对性地学习重点内容，提高我们的学习效率。

第二，我们可以在每页笔记的右侧画一竖线，留下 1/3 或者 1/4 的空白，用于课下及时复习和补充，或者写下自己的学习收获。而左侧的大半页纸用来记笔记。

第三，上课时，如果遗漏了部分知识点，也不必着急，不要总是惦记遗漏的知识而耽误了后面的学习。我们可以在笔记本上留出一定的空间，下课后向同学或者老师请教，及时弥补遗漏的内容。

第四，如果我们的书写速度太慢会跟不上老师的课程进度，从而影响笔记质量。我们要掌握一些速写的方法，不用把每一个单词都写得十分工整，可以潦草一些，也可以对一些单词进行缩写。但要注意的是千万别写得过于潦草和简单，以免自己看不清到底写了些什么。速写的目的就是提高记笔记的速度。

第五，下课后还要把自己做好的笔记从头到尾看一遍。一方面是为了温习，另一方面可以检查自己的疏漏，弥补自己的不足。通过这种方式，笔记会更加完整、充实。

高效学习法

要点笔记、提纲笔记

本节介绍两种记笔记的方法，分别是要点笔记和提纲笔记。

要点笔记

我们要抓住主要的知识点，比如重要的单词、语法、时态、句型等，对老师所讲的内容用关键词语加以概括。

提纲笔记

提纲笔记是将老师授课内容分出不同的层次，在每一层次中记下要点和相关知识点。首先，写在第一行的是主讲章节的大小标题。其次，在下面一行写出副标题，一般是某一部分、某一板块知识的小节。最后，在每一个小节后面写下相关的知识点、关键词或必背内容等。

6 Day 好听力都是听出来的

这天，英语老师布置了一项听力作业：听短文填空。小萍回到家里就开始做听力作业，她专心致志地聆听，却还是一头雾水。

听力可以检验我们对单词的掌握情况，便于判断自己对单词的熟悉程度。那么，如何提高英语听力呢？

第一，我们需要进行听读练习，可以选择一些自己感兴趣的内容进行训练。比如，英语原声动画、英语儿歌等。这些音视频中的英语发音较准确，我们也能在不同的语境下听到不同的英语单词，从而提高我们的英语听力水平。

第二，我们在听短文时，可以捕捉关键词。关键词通常与填空处的答案相关联，捕捉到关键词后，我们可以根据上下文来推测整个句子的意思。

第三，听力是需要长期练习的技能，平时要多读、多背、多写，这对我们提高听力是很有帮助的。

高效学习法

看电影学配音

看电影学配音是提高英语听力水平的一种有效方法。这种方法该如何操作呢？

第一 我们可以在爸爸妈妈或者老师的帮助下，选取难度适中的英文电影或动画片。

第二 在爸爸妈妈的指导下，将电影片段分解成几个小部分，反复观看每个片段。刚开始可以先将字幕打开，帮助我们理解对话的内容，等到我们熟悉对话内容之后，就可以为片段配音了。

7 Day 英语要大胆说出来

小欢刚开始接触英语口语，不敢表达。每当老师让小欢回答问题时，小欢总是吞吞吐吐。

在英语课上，我们往往只听老师说，却不敢与他人交流。那么，如何让自己克服胆怯，大胆说英语呢？

第一，我们要培养对英语的兴趣。无论哪种语言，只要能够引起我们的兴趣，我们都会完全投入其中。我们可以利用英语歌曲、儿童故事书等来增加英语学习的趣味性。还可与其他同学一起学英语，通过互动和游戏的形式，让学习更加轻松有趣。

第二，要养成勇于表达的习惯。我们在说英语时，难免有一些担忧，害怕发音不准确或者读错而被嘲笑。其实不必为此担忧，学习本身就是一个不断改正错误的过程，我们应该树立信心，勇敢地开口说英语，通过反复练习，逐渐掌握正确的发音。

第三，我们可以在爸爸妈妈的指导下，合理地使用录音机、语言学习机等辅助设备。这些辅助设备不但可以帮我们掌握正确的发音，还可以提升我们的表达能力，使我们的语言表达更加顺畅。

第四，我们还需要多背单词和优秀的英语文章，以便熟悉单词、加强口语，培养语感。

学习口语的方法有很多，每个人的学习方法都不一样，所以一定要找到适合自己的学习方法并付出努力，从而有效地提高英语口语水平。

高效学习法

录音法练口语

要想提高英语口语水平，我们可以采用录音法。那么，这种方法该怎么操作呢？

第一

播放课本的配套音频，跟着录音读。

第二

听录音时让自己放松下来，要用自然、清晰的声音读出来。当录音里读完一个单词后，便按一下暂停键，自己念几遍，然后再把单词拼读一遍，接着再继续听录音，再读、再拼。

第三

当我们熟悉听力内容之后，要把自己的读音录下来，集中注意力反复听自己的录音，对比着听，直到自己能很标准、很熟练地读出单词为止。

8 Day

学好英语要多与人交流

英语老师让沐沐和程程两个人到讲台上进行英语对话。沐沐表现得很好，而程程艰难地控制着发音，显得很吃力。老师告诉程程，要多与人交流，英语口语水平才能有所提高。

我们在学习英语时都会遇到一个问题：不敢与人交流。这使得我们在提高英语口语水平方面受到制约。那么，如何提高英语口语水平呢？

第一，在日常生活中要培养多说英语的习惯，可以和其他同学一起练习对话，玩角色扮演游戏等，这样我们就能在轻松愉快的氛围中提高英语口语水平。

第二，在日常生活中，我们可以多和身边的人用英语交流。比如，与家人用英语寒暄问候，或者与朋友用英语讨论感兴趣的话题。这样，我们就能逐渐树立信心，形成良好的口语表述习惯。

第三，我们可以朗诵英语诗歌或者经典的英语文章，模仿标准的发音和语调，通过反复练习提高口语的流利度。

第四，我们可以找一些有趣的图片，用英语描述图片内容，最好是一些有趣的故事，以提高学习的趣味性。

第五，我们还应该注重听力和口语的配合，加强听力练习，这样才能让自己真正体会到口语带来的快乐和自信。

高效学习法

课本剧或小品表演

我们可以把课文编成情景剧，一边表演一边表达，这样能够提高英语的口语水平。那么，该如何把课文编成情景剧呢？

第一 我们要在老师的指导下，在课本里挑选 1～2 篇适宜的课文改编成剧本。

第二 利用课本中的一些片段和情景对话，找同学配合演出。

第三 为了增加表演的效果，我们可以在课下准备一些服装和简单的道具，并设立一个评审团进行评分，同时设置相应的奖励机制。

9 Day 记单词有方法

小玉花了一个小时背了几十个单词，结果很快就忘了。如何牢记单词呢？记单词有什么诀窍吗？

我们在背单词时，好不容易记住了单词的拼写，转身就忘了单词的意思；有时候知道单词的意思，却又拼不出来，总是陷入“记了忘、忘了记”的循环中。之所以产生这种现象，是因为我们没有掌握背单词的方法。下面介绍四种记忆单词的好方法。

第一，创造联想。将生疏的单词与已知的事物联系起来，创造出有趣的联想。例如，从“apple”（苹果）这个词可以联想到“a round, red fruit”（一个圆的、红色的水果）。

第二，制作记忆卡片。将生词写在一张纸上，另一面写下单词的意思、例句，并把记忆卡片随身携带，利用碎片时间反复阅读记忆卡片，加深对单词的记忆。

第三，划分单词词根。许多英语单词都有共同的词根，了解这些词根可以帮助我们记忆更多的单词。比如，“er”是一个常见的词根，可以联想到“teacher”（老师）、“worker”（工人）、“driver”（司机）等。

第四，“单词接龙”记忆法。首先给出一个单词，下一个单词的第一个字母是上一个单词的尾字母，如此循环下去。例如，eat（吃）→table（桌子）→egg（蛋）→girl（女孩）→law（法律）→water（水）→red（红色）→desk（书桌）等。按照这个例子，一直往下推，最终以一带十，以十引百，活跃思维。

高效学习法

词根词缀记忆法

词根词缀记忆法能够帮助我们扩大词汇量，理解和记忆更多的单词。词根词缀记忆法该怎么操作呢?

1 分析单词的结构

在学习单词时，我们可以把一个单词分解，找出它的词根和词缀部分，从而理解单词的构成和含义。比如，“worker”这个单词，它的词根是“work”（工作），后缀是“er”（表示……方面的人），组合起来“worker”就是“工人”。

2 总结单词前缀

前缀有很多类，比如，表示否定或相反等意义的前缀有de、dis等，例如，depress、disagree。表示“不，无”的前缀有in、im，例如，incorrect、impossible等。

3 总结单词后缀

后缀也有很多类，比如，看见后缀er、ist就可以想到从事某种职业或行业的人，如worker、teacher、artist、scientist等。

10 Day 多阅读，培养语感

这天，小东向爸爸请教英语阅读理解的学习方法。爸爸告诉小东：“平时多阅读，多积累单词，这对做好英语阅读理解题非常重要。”

无论是语文还是英语，阅读都是扩大词汇量的最佳方法。所谓语感，指的是比较直接、迅速地感悟语言文字的能力。培养良好的语感对于英语学习有重要的作用，能帮助我们更好地理解和运用英语，提高口语水平，培养阅读理解能力，为我们打下坚实的学习基础。那么，如何培养英语语感呢？

第一，我们可以营造一个适合自己的英语学习环境，听一些英语录音、英语广播或者看英语电影，认真聆听并模仿英语的发音。同时，也要注意词组和句式的用法，在听的过程中逐渐培养英语语感。

第二，我们要大胆地参加英语口语练习，不要怕犯错，不要过多执着于说的内容，一旦养成开口说的习惯，自然而然，我们的口语水平就会得到提高。

第三，我们可以阅读一些英文原版的绘本和短文等，通过阅读可以积累大量的语言素材，培养语感，有助于建立良好的语言习惯。

第四，我们可以通过写日记、写作文等方式培养写作能力，通过写作，我们可以更好地组织语言，培养自己的语感。

第五，我们还可以制订每天或每周的阅读计划，鼓励自己每天坚持利用一定的时间阅读，可以设立奖励机制，激励我们完成阅读任务。

高效学习法

精读和泛读

精读和泛读两种方法都可以提高阅读能力，对不同的阅读任务可以根据需要灵活使用这两种方法。

1 精读

精读是指对一篇文章或一段文字进行深入、细致的阅读。精读往往需要理解每一个句子，包括每个单词的词性、用法、搭配以及句子的语法结构等。精读的优点是可以深入理解文章的细节，有助于提高语言能力和阅读理解能力。

2 泛读

泛读是指快速浏览一篇文章，目的在于了解文章大意，获取主要信息。泛读需要把握文章的标题、副标题、开头和结尾等关键信息，抓住文章的主旨和要点。泛读有助于提高阅读速度和阅读效率，对于长篇文章非常有效。

第3章

攻克英语重难点

11 Day 掌握英语词性的秘诀

小明刚开始学英语就遇到了困难，他觉得英语单词都不止一个词性，还有很多含义，该怎么掌握英语词性呢？

英语中的词性问题的确有些复杂。但是，只要我们掌握正确的方法，那么掌握英语词性易如反掌，可以从以下几个方面着手。

第一，熟悉词性的特点。了解不同的词性及其特点是识别词性的基础。常见的词性包括名词、动词、形容词、副词、介词、连词、代词等。熟悉每种词性的定义和用法，才能掌握相关的词义和句法特点。

第二，观察词的形态变化。在英语中，许多单词会根据不同的词性发生形态上的变化。例如，名词可以通过加后缀“-tion”变成形容词，动词可以通过在结尾加“-ing”变成形容词。通过观察词的形态变化，可以推测出它的词性。

第三，研究词的上下文关系。名词通常在句子中做主语、宾语或补语，形容词通常用于修饰名词，副词通常用于修饰动词或形容词等。我们可以通过单词在句子中出现的位置来判断它的词性。

第四，参考词典和语法书籍。如果遇到陌生的单词，可以通过查阅英语词典来了解它的词性，帮助我们理解和运用单词。

第五，研究单词的前缀和后缀可以帮助我们判断词性。例如，以“-able”结尾的词往往是形容词，以“-ly”结尾的词往往是副词。

高效学习法

分类法辨别词性

刚学英语的同学经常会分不清楚名词、动词、形容词等词性，我们可以利用分类法对单词进行归类，将词语按照词性分类，使其词性一目了然。同学们也可以仿照下面的表格，把不认识的单词分分类。

词性	名词	形容词	动词
示例	book desk bird school vehicle plant family fruit city coffee	beautiful tall sunny happy warm smart delicious calm fresh cute	learn work sleep eat run write swim sing tell drive

12 Day 玩转人称代词

小涛觉得人称代词都很相似，摸不清它们之间的规律，无法分辨人称代词，导致考试做错了好几道题。

小学阶段基本上都会用到人称代词，学好英语人称代词对英语学习有非常重要的作用。你是不是也像小涛一样，分不清人称代词呢？不会使用人称代词的原因是没有掌握人称代词的用法。关于正确使用人称代词，可以从以下几个方面入手。

第一，我们要熟记人称代词，如 I，you，he，she，it，they 等，相当于中文的“我、你、他、她、它、他们”，这些简单的知识一定要牢记。

第二，要注意人称代词主格和宾格的用法，人称代词在句子中有不同的用法和作用，如人称代词主格做主语：This is my father. He is a policeman.（这是我的爸爸，他是一名警察。）要掌握人称代词的用法，需要仔细学习人称代词的使用规则并多加练习，可以选择一些相关的练习题，通过做题来加深对人称代词的理解。

第三，制作人称代词表格。了解人称代词的不同形式，可以更好地掌握其用法。我们可以制作一个表格，将人称代词的主格、宾格进行对比。通过比较，我们可以更好地掌握人称代词的用法。

高效学习法

图表法记人称代词

我们可以将人称代词的相关知识点用图表法展示出来，让知识变成一个有机的整体，从而更好地掌握人称代词。

下面是人称代词的表格，请同学们参考。

人称代词

	单数		复数	
	主格	宾格	主格	宾格
第一人称	I	me	we	us
第二人称	you	you	you	you
第三人称	he	him	they	them
	she	her		
	it	it		

13 Day 掌握名词复数的变化规则

上节课英语老师让同学们做了一些名词变复数的题，圆圆的成绩不太理想，她把名词复数的规则和不规则变化记混了。

名词变复数这个知识点，只要把“记忆”和“规则”两者结合起来学习，就不难掌握。

第一，我们要了解名词复数的规则变化。可以使用一些实际物品或图片来演示名词复数的变化，通过视觉和听觉的结合，更好地理解和记忆名词复数的变化规则。

第二，对于不规则变化的名词，我们要善于总结，可以将不规则变化的名词写在课本第一页，也可以写在一张纸上贴在课桌上，方便随时查阅。

第三，在小学英语学习中，名词变复数是难点也是重点。我们要多做一些名词变复数的练习题，这样才能更好地掌握它。

高效学习法

用总结法记忆名词复数的变化规则

别看名词复数的变化有很多，但是它们都是有规律的，总结这些规律有利于我们记忆。

名词复数变化规律	
规则变化	一般名词词尾直接加 -s
	以 -s,-x,-ch,-sh 结尾的名词，一般加 -es
	“辅音字母 +y”结尾的名词，变 y 为 i, 再加 -es
	“元音字母 +y”结尾的名词，词尾直接加 -s
	以 -f 或 -fe 结尾的名词，一般变 -f 或 -fe 为 v，再加 -es
不规则变化	不规则变化需要牢记在心中。例如：man-men 男人；woman-women 女人；foot-feet 脚；tooth-teeth 牙齿；goose-geese 鹅；mouse-mice 老鼠

14 Day 基数词和序数词的运用

今天，小奇学习了基数词和序数词，他感到很头疼。他觉得基数词和序数词太多了，根本记不住，有时还将基数词和序数词混淆，导致做题的时候一团糟。

基数词和序数词有些相似，很多同学经常将它们弄混，做题的时候时常出错。那么，如何才能掌握基数词和序数词呢？

第一，我们要了解基数词和序数词的概念。基数词和序数词都是数词。基数词是表示数量或数量关系的词，它们用来具体描述数量。序数词则表示顺序或次序，它们用来表示事物在一个序列中的次序。

第二，熟记基数词和序数词的构成，这也是数词中的一个重点内容，基数词和序数词的构成有一定规律。对于这一方面的知识，还需要我们进行总结，这样有助于加深记忆。

高效学习法

编顺口溜记基数词和序数词

对于那些容易混淆的知识，我们可以编一个顺口溜，这样既好玩儿，又好记。下面是根据基数词和序数词的知识编成的顺口溜，方便同学们记忆。

基数词变序数词一，二，三，特殊记，结尾各是t，d，d；

th，四加起，八少t，九去e，ve要用f替；

整十基数变序数，先把ty变成tie，再加th；

若是遇到几十几，只变个位就可以。

15 Day 准确使用英语介词

小杰接触了英语介词的知识后，十分苦恼，他觉得英语介词的用法多变，掌握起来很困难。

英语介词的学习并不像小杰说的那么困难，也是有规律可循的。只要掌握了正确的方法，一定可以掌握英语介词的用法。

第一，单纯记一个介词的意思和用法是比较困难的，但是记忆介词与其他词构成的介词短语，这种方法就容易得多。如：at four（四点钟）、on Sunday（在星期天）等。

第二，牢记一些特殊用法，也是学习英语介词的一个重要技巧。比如，表示“在早上、在下午”一般说 in the

morning，in the afternoon，这里的介词要用 in；表示“在夜间、在中午”一般说 at night，at noon，这里的介词要用 at。

第三，一些常见的动词常常与特定的介词搭配使用，形成固定的短语。我们要将它们作为一个整体来牢记，就像学习汉语成语那样。比如，look at（看着）、listen to（听着）、depend on（依赖；依靠）、by the way（顺便说一下）、take care of（看管；照料）等。掌握这些固定搭配可以帮助我们更准确地运用介词。

高效学习法

用联想法记忆时间介词和空间介词

我们在利用联想法记忆某个知识点时，能够同时想起很多相关的知识点。然而，为了更加清楚和牢固地记住这些知识点，我们还需要了解它们之间的微妙差别，并将它们区分开来。比如，时间介词和空间介词有诸多相似之处，我们在记忆的时候，可以将时间介词和空间介词的知识点罗列在一起进行记忆。

<table>
<tr><td colspan="6">at, in, on 做空间介词的比较</td></tr>
<tr><td colspan="6">at 表示在某个具体的场所或地点</td></tr>
<tr><td colspan="6">in 表示在较大的地方，在立体空间或平面范围之内</td></tr>
<tr><td colspan="6">on 表示在一个平面上，强调与某物体有接触</td></tr>
<tr><td colspan="6">at, on, in 做时间介词的比较</td></tr>
<tr><td colspan="2">at</td><td colspan="2">on</td><td colspan="2">in</td></tr>
<tr><td>准确的时间</td><td>at 10:00</td><td rowspan="2">星期</td><td>on Sunday</td><td>一天中的一部分</td><td>in the morning</td></tr>
<tr><td>吃饭时间</td><td>at dinner</td><td>on Monday</td><td>季节或者月份</td><td>in May</td></tr>
<tr><td>时间点</td><td>at noon</td><td>具体日期</td><td>on May 1st</td><td>年</td><td>in 2023</td></tr>
</table>

16 Day 判断动词时态

婷婷升入四年级后发现英语有时态之分而汉语中则没有，她弄不明白为何同样的动作发生在不同的时间需要用不同的动词形式来表示，而且动词形式总是变来变去的，婷婷感到非常困惑。

许多同学也觉得判断动词时态太难了，其实任何知识点都是有规律、有方法的，之所以感到难，其根本原因是没有掌握判断时态的方法。如何准确地判断出动词的时态呢？

第一，观察动词的形式。英语中动词的不同形式表示不同的时态。例如，一般现在时的动词形式通常是原形，而一般过去时通常是动词的过去式。通过观察动词的形式，可以初步判断出动词的时态。

第二，注意标志词。不同的时态通常会有一些特定的标志词，这些词可以帮助我们判断出句子所使用的时态。比如，“yesterday”表示过去时，“tomorrow”表示将来时，“now”表示现在进行时等。通过留意这些标志词，可以更好地理解句子的时态。

高效学习法

结合上下文判断时态

我们在做英语试题的时候，可以通过上下文中的信息判断出动词时态。例如：

It is Sunday.The men (play) in the library.

It was Sunday.The men (play) in the library.

在前面的句子中，由于用了“is”，所以后面该填“are playing”。在后面的句子中，由于用了“was”，所以后面该填“were playing”。这两个句子没有时间状语，但通过上下文关系可以判断其时态。

17 Day 英语语法要牢记

小英最近学习英语很用功，她花了很多时间做英语语法题，英语成绩却没怎么提升。妈妈告诉她，光靠做题来巩固英语语法是不行的，还需要记忆。

学习英语有两大基石：一个是词汇，一个就是语法。我们往往对英语语法的学习很头疼，不知从何下手。其实英语语法是从语言实践中总结出来的，对语法的学习需要大量的记忆，都需要记忆些什么呢？

第一，要想学好语法，必须熟练掌握课本讲解的基本句型，比如肯定句、否定句、疑问句等，这些句型的结构和用法是学习英语语法知识的基础。我们在学习基本句型时，可以做一些试题来练习。做题应该由浅入深，由简到繁，不要贪多求快。

第二，句子都是由单词组成的，单词的用法也是十分重要的。我们可以通过简单的句子去理解其中的单词属于什么词类，以帮助理解单词的用法。

第三，学习英语语法时，时态也是一个重要的方面。每个时态都有其特定的用法，英语中常见的时态包括一般现在时、现在进行时、一般过去时和一般将来时。掌握这四种时态的用法对于掌握英语语法非常重要。

高效学习法

用交际法提高语法水平

语言是活的、有生命的，我们不能只在课堂上机械地学习语法，还需要勤加练习，在实际中运用。我们可以运用交际法，下课时，在老师的指导下，和同学一起组织一些英语活动，比如二人对话、小组活动、英语辩论等，营造英语交际的氛围，以提高学习英语的兴趣和积极性。

18 Day 阅读理解有妙招

这天，月月对老师说出了做阅读理解题的困惑：做阅读理解题经常感觉短文读懂了，却无法选出正确的答案。老师告诉月月，这是因为没有掌握阅读理解题的解题方法和技巧。

很多时候我们也会像月月一样，面对阅读理解题不知所措，这是因为我们没有掌握阅读理解题的解题方法。一般而言，我们在做英语阅读理解题时可以采用以下方法。

第一，在开始阅读之前，我们可以快速浏览文章的标题和全文，以便大致了解文章的主旨和大意，这对我们从整体上把握文章很有帮助。

第二，我们在做阅读理解题时，可以将问题中的关键词标出来，然后带着关键词在文章中寻找答案。

第三，一般而言，阅读理解的题目通常是按照顺序给出的，因此，我们可以按照先后顺序来寻找答案，这样做题效率会更高。然而会有一些特殊情况，比如题目被打乱了。对于这种情况，我们需要具体问题具体分析，灵活应对。

第四，做阅读理解题时，如果遇到拿不准的答案，先排除那些与文章不符或不合逻辑的选项，然后分析剩余选项与文章的关系，再做出选择。

第五，题目做完后，一定要认真检查，看看有没有理解不到位的地方。

高效学习法

英语阅读理解细节型题目的解题方法

英语阅读理解题一般分为细节型题目、中心思想型题目、推理判断型题目等，其中细节型题目占比较大。细节型题目主要考查对文章（或某一段落）中某特定事实信息的捕捉和理解能力，该题型包括直接细节理解题和间接细节理解题。接下来介绍细节型题目的解题方法。

第一，直接细节理解题可以在原文中直接找到答案，因此这类题通常由 who，what，when，where，why 和 how 等词引导，易于辨认。

第二，间接细节理解题不能在原文中直接找到答案，因此需要通过换用同义词或不同的表达句式等方式来获取信息，这就要求考生首先认真审题，弄清问题，采取“带着问题找答案”的方法，找到有关部分，以此为线索来寻找答案。

19 Day 多背范文，提高英语写作水平

英语课上，同学们都说写英语作文十分困难，英语老师告诉同学们：“你们多背英语范文，从中学习单词和语法结构，一定可以提高英语写作水平。”

在英语考试中，写作是必考的题型，也是考试环节中的“压轴大戏”，作文写不好，就会影响考试成绩。由于我们的英语写作水平有限，英语作文常常成为困扰我们的难题。那么，怎样才能更好地提升英语写作水平呢？

第一，要想提高自己的英语写作水平，阅读和背单词是必要的。多读、多背不仅有利于丰富词汇量，还能培养我们的语感，使我们逐步形成一套科学的语言结构和用词习

惯，这对英语写作是大有裨益的。

第二，为了提高对范文的掌握程度，我们还应该尝试默写范文。这个办法虽然比较笨拙，但是效果显著。我们可以为自己设定一个固定的时间来默写，在这个时间里没有完成，那说明我们对文章的理解还不够，还需要不断强化和背诵。默写完成之后，还必须将自己默写的文章与范文相比较，这样才能及时找到并改正自己的错误。

第三，我们在阅读、背诵范文的过程中，对于一些优美的句子，要及时记录和背诵下来，将这些优美的句子运用到写作中会起到画龙点睛的作用。

第四，我们可以向老师或者同学请教一些写作技巧和经验，听取他们的意见和建议，这对我们的写作也是很有帮助的。

提升英语写作水平需要长期积累和不断练习，要保持耐心，相信自己一定会有所进步的。

高效学习法

英语写作三步法

英语写作有“三步法”，熟练掌握“三步法”就能写出一篇不错的英语作文。那么，我们该如何运用“三步法”呢？

第一 审完题目后，我们要先提炼出文章的各个要点，可以把关键字和要点写在草稿纸上，并分配好每个要点的篇幅。

第二 完成第一步后，我们就要用单词和词组等将各个要点串起来，让它们成为一篇作文草稿。

第三 我们要好好修改草稿，不要出现单词拼写错误、字母颠倒、时态混淆等情况。此外，我们还需要对文章加以修饰，给文章增光添彩。

20 Day 写好英语作文有窍门

小叶一提到英语作文就发蒙，他连中文作文都写不好，更别提英语作文了。爸爸告诉他："你之所以不会写英语作文，是因为没有掌握英语写作的方法。"

写好英语作文也有小窍门，我们可以尝试使用以下方法。

第一，在写作文之前，我们需要明确作文的主题，明确文章要采用的结构，再思考针对这个主题要写哪些方面的内容。

第二，明确作文主题后，接下来就是列提纲。首先，要把作文主题列在第一行中间。其次，在题目下面简要地写出这篇作文的主要内容及中心思想。有了提纲，可以提高我们写作的效率。

第三，在写作时，要充分利用已学的短语和优美的句子，并注意句与句、段与段之间的衔接和连贯性。

第四，检查修改是写好文章必不可少的一环。花两分钟检查一遍，看有没有语法、拼写、标点和大小写等方面的错误。作文笔迹一定要工整、规范，卷面要整洁，词与词之间要有 2~3 个字母的间隔。

高效学习法

随时随地记下灵感

随时随地记下灵感的方法很简单，只需要随身携带一个笔记本，将自己在日常生活中碰到的有趣事物、听到的动听音乐、看到的美丽景色等一一记下来。灵感总是转瞬即逝的，及时记录下来就可以成为我们写作的素材。

21 Day 写出流畅的英语日记

下课前，老师宣布了一项作业：在周五之前交一篇英语日记，题材不限，可以尽情发挥。小刚暗自嘀咕：“英语日记怎么写呢？用中文写日记都很难……”

小刚说出了我们的心声，用英语写日记确实不是一件容易的事，但也绝不是一件十分困难的事情。下面我们就一起来看看有哪些方法可以帮助我们写出一篇流畅的日记吧！

第一，写英语日记需要不断积累、练习。我们平时要多背单词和词组，增加词汇量，这样才能写出让人眼前一亮的日记。

第二，选择日常生活中的一个小片段作为写作题材。例如，描述一次有趣的户外活动、介绍一部喜欢的电影或者记录难忘的一天等。通过描述这些真实的经历，我们可以清楚地表达自己的想法和感受。

第三，使用合适的词语和句型是写好英语日记的关键。我们可以运用课堂上学到的词语和句型，遇到自己不会的单词也可以通过查阅词典来补充。同时，写日记时要使用常用的连接词和过渡词，使得日记的内容更加连贯和流畅。

第四，多积累一些日记写作的经验也是很重要的。我们可以在空闲时间读一些英语日记的范文并背诵下来，也可以向其他同学借鉴写英语日记的方法。我们还要养成每天写英语日记的习惯，通过不断练习来提高自己的写作水平。

高效学习法

仿写法练习英语写作

仿写法是一种英语写作的方法，通过模仿优秀的文章来提高自己的写作水平。采用仿写法可以帮助我们学习优美的词语、句型和表达方式，同时也能锻炼我们组织语言的能力。仿写法的步骤如下。

第一 选择一篇优秀的英语日记或文章作为仿写的对象。

第二 仔细阅读范文，并分析它的结构和特点，以及使用了哪些词组和句型等。

第三 按照范文的结构进行仿写，不必完全相同，可以根据自己的实际情况进行适度修改和调整。

第四 写完以后要把自己写的文章与范文进行对比。在对比过程中，我们要注意原文的用词方式以及对一些关键词和过渡语句的处理。通过对比，我们可以发现其中的规律和特点，从而进一步提升写作水平。

我的 21 天学习体验

经过这 21 天的学习，你一定有不少收获吧！把自己的学习体验在下面写一写，看看自己有哪些收获、哪些不足吧！

我的收获

我的不足

小学生21天高效学习法

唤醒孩子的学习脑

王轩 主编

写好作文有门道

黑龙江科学技术出版社
HEILONGJIANG SCIENCE AND TECHNOLOGY PRESS

图书在版编目（CIP）数据

小学生高效学习法：21天唤醒孩子的学习脑. 写好作文有门道 / 王轩主编. -- 哈尔滨：黑龙江科学技术出版社，2024.3
ISBN 978-7-5719-2253-5

Ⅰ. ①小… Ⅱ. ①王… Ⅲ. ①作文课－小学－教学参考资料 Ⅳ. ①G624

中国国家版本馆CIP数据核字（2024）第058210号

小学生高效学习法——21天唤醒孩子的学习脑. 写好作文有门道

XIAOXUESHENG GAOXIAO XUEXIFA —— 21 TIAN HUANXING HAIZI DE XUEXI NAO. XIEHAO ZUOWEN YOU MENDAO

王轩 主编

项目总监 薛方闻
责任编辑 李 聪
插 画 文贤阁
排 版 文贤阁
出 版 黑龙江科学技术出版社
地址：哈尔滨市南岗区公安街70-2号 邮编：150007
电话：（0451）53642106 传真：（0451）53642143
网址：www.lkcbs.cn
发 行 新华书店
印 刷 天津泰宇印务有限公司
开 本 710 mm×1000 mm 1/16
印 张 4
字 数 32千字
版 次 2024年3月第1版
印 次 2024年3月第1次印刷
书 号 ISBN 978-7-5719-2253-5
定 价 128.00元（全6册）

前言

不知道怎么预习，语文生字这边记了那边忘记，不知道怎么审数学题，英语单词总也记不牢……这样的问题你是不是也经常遇到？我们到底是在哪个环节出了问题呢？

在同一个教室里，面对同样的老师，花费相同的时间，但是有的同学学习好、进步快，这是为什么呢？

难道是因为自己太笨？其实，没有天生的笨学生，只有笨的学习方法。只要掌握高效学习法，你也能轻松提高学习成绩。

为了让大家全面系统地掌握高效学习法，我们编写了这套《小学生高效学习法——21 天唤醒孩子的学习脑》，书中结合孩子在学习过程中遇到的语文、数学、英语、作文、记忆力和考试等问题，先以小场景引出问题，再有针对性地介绍一些实用、高效的学习方法，最后再给出具体的学习技巧。不论你是在学习新知识的过程中，还是在巩固复习的阶段；不论你是学习具体的学科知识，还是提高自身的学习能力，本套书都能给你帮助，激发你的学习兴趣，帮你提高学习效率。

希望这套书能让大家树立正确的学习观念，全面掌握学习学科知识的方法，最终养成高效学习的习惯。希望大家在学习的过程中，真正把高效学习法贯穿始终，不断取得进步，从此学习更轻松、更高效，学习成绩越来越好。

目录

第1章　有准备，写作文更轻松

第2章　好技巧让作文更精彩

第3章　下笔如有神

第1章

有准备，写作文更轻松

1 Day

好作文从写日记开始

老师说写日记可以提高写作能力，但是每到写日记时，希希总感觉一天下来没什么事值得写；而芊芊觉得每天那么多事根本记不过来，于是她把日记写成了流水账。

同学们，老师和家长都希望我们养成写日记的好习惯，这是因为通过写日记的方式，我们不但可以养成认真观察生活的好习惯，而且还能巩固学到的知识，提高语言运用能力，为以后的写作奠定基础。但是很多同学不是像希希一样，认为生活单调没什么可写的；就是像芊芊一样，事无巨细都写进日记，把日记弄成了流水账。这都起不到提高写作能力的作用。那么，我们该如何写日记呢？

一是写生活万象。我们可以写自己的所见所闻，比如邻里互助、社区的风貌变化、上学路上看到的好人好事等；也可以写自己经历的事情，比如给家人过生日、参加运动会等。

二是写内心活动。我们可以把对现实生活的思考、议论等记录下来。比如，当听到一个故事，我们有什么想法，是否赞同故事里主人公的做法呢？

三是写自然风光。我们可以写家乡一年四季的景色变化，也可以写旅游时景点的奇妙景色。无论是一草一木的生长变化，还是风霜雨雪、阴晴变幻，又或者是明月彩霞，都可以写入日记。

四是写故事日记。当看完一篇故事后，我们可以对故事进行续写、仿写。比如，当我们看完《狐假虎威》的故事后，可以续写，让老虎后来识破狐狸的诡计。

写日记时还应注意，有些事没有特殊意义，应尽量写得简洁，比如吃午饭、坐公交车等，且重复的事可以忽略。

高效学习法

将画图与日记结合起来

我们可以将画图与日记结合起来，这样做不仅方便，而且富有乐趣，既能提高我们的写作能力，又能提高我们的动手能力。具体怎么操作呢？

第一 准备好一把小剪刀，一卷不干胶，一本迷你口袋型笔记本，一本大笔记本，一支黑色笔，几支彩色笔。

第二 我们陆续把每天发生的、值得记录的事情写在口袋型笔记本上，比如印象深刻的小事、看过的书等。如果觉得有趣，就用彩笔将它画出来。

第三 我们用不同颜色的彩色笔进行标注。比如，今天不小心弄丢了零花钱，就在下面画上几滴眼泪，表示伤心。

第四 我们在日记的一角写上日期，画上天气以及心情天气（如开心、忧愁、紧张、平淡等）。

第五 我们挑选所记录的事情中最有意义的部分，用小剪刀把它剪下来，贴到大笔记本上。

怎么样，是不是很有趣？

2 Day

学会积累 作文素材

萱萱写作文时，不但词语匮乏，而且还感觉没什么可写的。妈妈建议她建立一个素材库，这样就不会“巧妇难为无米之炊”啦！

很多同学平时不注重积累作文素材，等到写作文的时候就像挤牙膏一样慢吞吞地，写不出来什么东西。其实，古今中外的很多作家都有自己的素材库，这样就不会缺少写作的素材了。那么我们该如何建立自己的素材库呢？

一是从生活中积累素材。无论是家庭还是学校，或者社会，每天都会发生无数件事，其中有些事情就可以作为素材用在作文中。我们可以把在生活中看到的、听到的事记录下来，也可以记录发生在我们自己身上的事。

二是通过新闻媒体积累素材。我们不但可以通过阅读图书积累素材，还可以通过看电视、电影等积累素材。比如电视新闻中的感人事迹、奇闻怪谈等。

三是通过观察、感知发现素材。无论是我们碰到的人，还是遇到的风景，或者做过的实验，只要我们认真观察，都可以写成观察日记，作为以后的作文素材。

四是利用网络收集素材。现在的网络很发达，从网络上搜索可以获得很多素材，我们要善用网络。

除了收集素材，我们还要把素材记下来，这样考试时才能用上。我们可以把素材按主题分门别类记在本子里，经常拿出来看一看。

只要留心，日积月累，我们的素材库就会越来越丰富，写作时也就有话可说、有事可写啦！

高效学习法

“压缩饼干”法记素材

我们每天要记的知识那么多，怎样将收集到的素材记住呢？试试“压缩饼干”法记素材的方法吧！我们可以将庞大的素材压缩成几个词组，等到使用的时候，用“开水”一泡，然后增删修剪，就是好材料啦！比如下面一段话：

伟大的古希腊哲学家苏格拉底有一次带着学生来到麦田，让他在麦田中摘一个最大最金黄的麦穗，但只能摘一次，并且不准走回头路。结果学生两手空空走出麦田，因为他每次见到又大又金黄的麦穗，觉得是最好的而想摘下时，又总觉得前面会有更好的，所以没有摘。然而走到前面时，又发觉还不如之前见到的好。所以麦田里最大最金黄的麦穗，早就错过了。

我们可以将这段材料压缩成“苏格拉底、麦田、最大最金黄、两手空空、错过”几个词组，然后将它记住。

3 Day 模仿出好作文

思思看了一篇非常好的文章后，仿写了一篇给欣欣看，欣欣觉得这是抄袭。但是语文老师说，这是模仿，模仿是练习写作文的好方法。

你知道吗？我们不仅练字时可以临摹他人的字迹，其实写作文也是可以模仿的。我们不要像欣欣一样，简单地以为模仿是不好的。其实，只要模仿得法，就可以学到范文写作方法和词语运用。所以，当我们遇到优秀的范文时，不妨依葫芦画瓢，试着仿写一下。具体怎样仿写呢？

一是仿写语言。可以从词语、句子开始。当我们看到一篇好文章，可以找找作者用了哪些好词，有哪些富有表现力的句子，然后进行仿写。仿写词语主要是找近义词替换，仿写句子主要是模仿句式和修辞。

二是仿写段落。可以对范文的精彩段落进行仿写，提高对句子间的联系以及段落结构的感悟。比如，我们可以照着范文的题材，通过改换词语、改换人称、改换叙述方式等，模仿着写一段话。

三是仿写结构。可以模仿整体结构，也可以模仿局部结构。比如，当我们要写一篇关于小动物的文章，构思很久也不知道怎么写时，可以回想一下课文《燕子》《白鹅》《猫》，选择一种比较适合我们写作的结构进行仿写。

当我们模仿得多了，便会熟能生巧，仿中出新，写出好文章。

高效学习法

仿写小窍门

1 选择名家名篇进行仿写

如课文中、名著中的经典片段等，它们是文章中的典范，对它们进行仿写更容易提升写作水平。

2 仿写要有针对性

比如，某篇文章局部写得很好，某篇文章整篇写得好，还有的文章心理描写或外貌描写很出色，我们就可以根据实际，进行整篇模仿或单项模仿。

3 仿写时要有自己的想法

我们仿写时，需要积极思考，可以加入自己的想法、情感，大胆创新，做到举一反三。

4 Day 好作文能“看”出来

江江平时很害怕写作文，不是觉得没东西可写，就是写得没什么条理。哪怕是写生活中很常见的物品也抓不住特征，让人不知所云。老师说他这是缺乏观察能力的表现。

很多同学写作文时都会遇到江江这种情况，要么感觉没有东西可写，要么写出的文章千篇一律。这都是因为积累不够。其实，世界这么广大，我们应好好认识这个世界，学会观察，它可以帮助我们积累出丰富的作文素材。但值得注意的是，观察也不是什么都看，盲目地看。具体怎么做呢？

一是要全面细致地观察。我们观察一件事物，就要从头至尾、由此及彼地进行观察，观察它的全貌、它的构成部分、它发展的全过程，以及事物彼此之间的关系，不要浮于表面。比如，对于一只小动物，我们可以从声音、外貌、生活习性等方面去观察。

二是要从小处进行观察。我们要做有心人，从小处进行观察，慢慢养成善于观察的习惯。自然界的景物，如春天刚发芽的嫩草、鲜花，夏天雨后的天空，秋天枝头的果实、落叶等，都可以成为我们观察的对象。生活中遇到的人的外貌、穿着，家人的生活习性、性格脾气等，也可以成为我们观察的内容。

三是精于思考。我们观察时要多思考别人或者自己之前没有想到的地方，若是有所触动，必会有所收获。同时，也要思考怎样把观察到的东西、想法描述出来，然后试着写一写。

四是要增加知识储备。如果我们的知识储备丰富，就能在观察中感受事物的本质，素材就会具有真实性、科学性，也许还会发现别人没有发现的新东西。

高效学习法

充分调动感官有顺序地观察

我们在观察事物的时候，除了要用眼睛看颜色、形状外，还要学会充分利用其他感官，如用耳朵听声音。在保证安全的前提下，还可用手触摸找感觉，用鼻子闻气味，用嘴巴尝味道。

同时，我们在观察时，可不是胡乱地看，而是讲究顺序的，主要有时间顺序（如四季的变化、早晚的变化等）和空间顺序（由远及近、从上到下、从左到右等）两大类。我们可以根据自己要观察的事物来决定观察的顺序。

练一练：请同学们有顺序地观察一件物品，如一棵树、一件家具等，然后完成下面的表格。

观察				
部位名称				
形状				
颜色				

5 Day 训练作文的想象力

小宇写的作文经常充满奇思妙想，比如他的比喻，经常让人拍案叫绝，特别有吸引力。同学们纷纷向他请教是怎么做到的，他说要提高想象力。

同学们，如果我们写作文时都“老老实实”的，不加任何想象，那文章就会比较平淡。而如果我们在写作时，像小宇那样，展开合理的想象，则可以让文章生动、有趣，富有想象力，光彩照人。所以，我们平时要注意培养自己的想象力。那应该怎么做呢？

一是要丰富生活经验和知识积累。想象并不能脱离现实而无中生有，所以，我们平时要多接触人群，多多观察社会和自然，积累生活经验。同时也要博览群书，增长科学知识。另外，不同类型的书也可以让我们了解到各种各样的人物、动物、事件等，激发我们的想象力。

二是要多做联想训练。比如，一棵树青葱茂盛，我们可以将其想象成一个富有生命力的青壮年。狂风暴雨时，它剧烈摆动的样子，像不像在生活中挣扎的人呢？秋天来了，它的叶子开始发黄、枯萎，像不像人垂头丧气的样子？用这种方法对身边的事物进行联想，可以激活我们的形象思维。

三是要勤于设疑。牛顿见了苹果落地而产生“苹果为什么不向上跑而向下落”的问题，由此触发想象力，最终发现了万有引力。所以，我们观察事物时也要多问为什么，激发思考和想象力，这样写作时就会放得开，写得透。

四是要敢于巧思创新。我们可以尝试着去想象一些奇怪的场景、发明一些奇怪的物品，等等，这样可以让我们跳出常规思维，使想象力得到锻炼。

高效学习法

练笔提高想象力

练习写作是提高想象力的重要方法之一，具体如何做呢？试试下面的操作方法吧！

1 扩写课文、续写课文

比如，《鸟的天堂》里有这样一句话：“一只画眉飞了出来，被我们的掌声一吓，又飞进了叶丛，站在一根小枝上兴奋地叫着，那歌声真好听。”我们知道那里既然是鸟的天堂，自然也会有很多别的鸟类，所以我们可以展开想象，续写出作者省略的其他鸟类。

2 把写作与画画结合起来

我们可以通过画画来表现自己的想象力，然后用写作来描述画面中的场景和事物。

3 巧用课文插图开展练笔

例如，课文《乡下人家》中有这样一句话：“或是瞧见耸着尾巴的雄鸡，在场地上大踏步地走来走去。”再看看课文中的插画，其中还有飞鸟，我们就可以展开想象，并学习文中的写作手法，写出自己的句子：“会看见张开翅膀的鸟儿，在屋顶上空自在地飞来飞去。”

第2章

好技巧让作文更精彩

6 Day 审题是写好文章的第一步

珊珊觉得自己可会写作文了，经常拿到题目就构思、动笔，洋洋洒洒写了满满一页，可是写完后给老师一看才发现离题万里。妈妈说这是因为她没有认真审题。

要想写好作文，审题是至关重要的一步，它关系着文章的内容和形式是否符合题目要求、构思能否向正确的方向展开。然而很多同学跟珊珊一样，写作文前不认真审题，匆忙下笔，结果无论文章内容写得多丰富、文句多优美，也是文不对题，自然就拿不到高分。所以，我们写作文时一定不能忽视审题这一环。怎样审清题目呢？要注意以下几点要求。

一是审清作文的类型。审题时，首先要审清题目属于哪一类作文，是叙事还是写人、写景等。有很多作文题会在题目中直接点明作文类型，很容易识别，如“一件有趣的小事”“我的妈妈”等。

二是审清题目的选材范围。如作文的对象，以及事情的时间、地点和内容等。一般来说，这些信息可以直接从题目中看出，而要审清作文的内容范围，就需要我们抓住题眼。如果题目是一个词组，词组中表示修饰、限制的那个词语往往是题眼，如“美好的一天”，题眼是“美好”，作文应重点写一天的生活为什么“美好”，怎样“美好”。如果题目是一个句子，“什么怎么样”中的“怎么样”部分往往就是题眼，如“我爱我家”，“爱”是题眼。

三是看清题外的要求。我们审题时还应看清作文题目下面附加的要求，如“把事情经过写具体”“400字左右”“展开合理的想象”等。

高效学习法

作文审题三法

1 化抽象为具体法

比如作文题目“捡拾幸福”，题眼是“幸福”，而写作重点却是“捡拾”，幸福如何捡拾？需要我们化抽象为具体，我们可以回忆生活中幸福的小事，突出感悟幸福的意义。

2 化繁为简法

如果作文题目内涵较为丰富，如作文题目是“收获”，我们就可以写有一分辛劳，便有一分收获，也可以写持之以恒后的成功等，但如果我们把想到的主题都写入文章，就会显得杂乱无章。所以，我们可以选取某一个角度，让主题明确。如可以写第一次尝试做家务后的收获。

3 化大为小法

有些作文题目很大，我们可以截取人生的片段，选取最熟悉、感触最深、发生在自己身边的事来写，从小入手。

7 Day 给作文取个好标题

浩浩的作文写得好极了，然而标题总是平淡无奇。老师总是为他的好文章没有鲜明独特的标题感到可惜。而他的邻桌鹏鹏写的作文虽然内容一般，标题却总是很吸引人。

同学们，每个人看一篇文章时，最开始看的就是标题。如果标题取得好，让人眼前一亮，就能够迅速激发读者的好奇心。那么，怎样像鹏鹏一样给作文取个好标题呢？

一是标题要准确。作文的“题”与“文”要相符，使作文标题能够准确反映出文章的内容。

二是标题要新颖，引人入胜，能够让阅读者因为标题而继续读下去。比如，同样是写热爱家乡的作文，“千年瓷都——景德镇”就比“我爱景德镇”更形象生动。

三是要具体，不能太空泛。比如同样是表达亲情这一主题的文章，“我爱我家”就比“亲情”更加具体。

四是要简洁精练。作文标题应言简意赅，既具有高度的概括性又能给人留下无限的想象空间。

五是要靓丽。作文的标题应具有审美价值，有文学韵味，这样就会让人觉得不俗气，有意蕴。

高效学习法

让标题“靓”起来的方法

巧点化：我们可以对歌曲名、古诗句等进行适当点化，如套装、借用、仿造等，之后把点化后的词句作为文章的题目。

新视角：我们需要克服思维定式，逆向思考，拟出让人耳目一新的标题。如“想做个坏孩子”等。

用修辞：我们可以灵活运用修辞手法来给标题润色，起到形象生动、新颖含蓄的作用。如“铅笔的自述”等。

8 Day

从“头”开始写好作文

蓉蓉每次写作文时，脑子里有很多内容，却不知道如何写开头，总在开头改了又改，文章写得一般。老师给她推荐了几种好方法，从此她再也不为作文开头烦恼了。

同学们，你们在写作文时是不是也像蓉蓉一样，总是觉得开头很难，绞尽脑汁也写不好？写好开头，也是写好作文的重要一环，一篇文章开头精彩了，才能牢牢吸引读者。因此，我们写作文时千万不要轻视开头，而应该精心打磨。那么，有哪些好的开头方式呢？

一是落笔直接点题。就是直截了当地写出对象或事件，让读者一看就知道我们写的是什么人、什么事、什么景物等。

如《猫》一文的开头“猫的性格实在有些古怪”，开门见山地指出文章写的是猫古怪的性格。

二是提出问题吸引读者。这种开头往往用问句提出一个非常有意思的问题，吸引人往下看。需要注意的是，问题一定要吸引人。如《一支铅笔的梦想》开头：“想一想，一支老憋在抽屉里的铅笔，会有多少梦想？”

三是交代背景。这种类型的开头，在写人物或事件之前，先点明一些必须说明的情况或介绍一下需要介绍的背景，使读者更容易理解文章的内容。如《蜜蜂》一文开头：“听说蜜蜂有……我想做个实验。”开头即介绍了“我”为什么要做实验。

四是描写景物。就是以景物描写作为文章的开头，渲染出文章的氛围或交代出背景。这种开头所描写的景物必须与文章的主题有密切的关系。如《海的女儿》一文的开头对海底景物的描写是为了引出美人鱼，且给全文渲染了凄美的氛围。

高效学习法

写好开头的小技巧

怎样才能写出好的作文开头呢？学习一下下面的方法吧！

1 首先是多阅读

我们可以找一些开头比较好的同类型文章，把它们的开头多读几遍。比如，我们要想学习落笔扣题、开门见山的开头方法，可以找几篇这样开头的文章，然后仔细阅读。

2 然后是多总结

我们要多多揣摩这些优秀作文的开头是如何写的，找找共同点，然后总结它们的写法。

3 最后是多练习

当我们总结了一些好的方法后，就要多运用，勤练习。我们可以仿照这些好的方法动笔写一写，写完之后对照那些优秀文章，看看有什么差异。就算不动笔，也要在脑子里多练习。

9 Day

活用作文素材

彬彬是个勤奋的孩子，利用课余时间积累了不少作文素材。可是每到写作文的时候，却不知道该如何使用这些素材。老师说，只要掌握了方法，把素材加工成作文就不难。

你是不是像彬彬一样，对待作文很认真，积累了很多素材，然而就是不会把素材加工成优秀的作文？的确，素材只是原始材料，就像做菜的材料一样，需要经过烹饪加工才能成为美食。怎样加工素材呢？可以从以下几个方面入手。

一是增删素材。我们可以根据主题的需要，对素材进行添加或删减。比如，记叙和描写性的文章往往需要有细节的素材，我们可以对原来比较简单、粗略的素材进行扩充、

引申，添上细节描写。而如果素材比较繁杂，我们可以根据主题舍弃细节而概述总体或舍去总体而选取细节。

二是整合素材。我们可以将原本零碎但性质差不多的素材整合在一起，凝聚成更饱满、更典型的素材。比如，写人物时，可以把许多素材中不同人的特征集合在一个人身上，使得人物形象更丰满、更典型。

三是挖掘、解释素材。我们使用素材，需要根据文章的中心，对素材进行挖掘，点出素材的关键内容，透彻地阐释其中蕴含的深层内涵，这样能够让读者更容易理解比较复杂的素材，也有助于说明主旨。

四是多角度使用素材。一个素材，可以使人有多种感悟。对于不同的主题，在使用素材时就可以从不同的角度切入。比如“华盛顿砍樱桃树”这个故事，我们可以写华盛顿的诚实，也可以从他父亲的角度，表达出深沉、细腻的父爱。

高效学习法

素材情境再现法

我们可以设置情境、场景、人物、情节等，或详细刻画某著名历史事件，或艺术性地再现历史人物在某一时刻的心理与言行，或对古典意境进行再创造，从而表达文章主题。加工素材需要想象合理、加强细节刻画，且要找好感情支点，体现文章主旨。

范例

作文要求：以“月亮”为题，写一篇文章。

素材：**《静夜思》**

素材运用：半夜，李白突然醒来，只见眼前一片银白，原来是月光透过窗户流泻进来。多好的月光啊，怎么能错过呢？于是李白披衣起身，走到窗边，向院子里看去。那明亮的月光洒在地上、栏杆上，地上好像泛起了一层白霜。他不禁抬起头来，看向那天空中的一轮明月。明月皎皎，照耀着千家万户，不知道引起多少人的愁思。想着想着，李白低下头来，思念起远方的故乡。

10 Day 内容要详略得当

晗晗写“温柔的妈妈”时，写了好几件关于妈妈的事，本以为写得很好。然而老师说，他的作文表现妈妈温柔的部分太少了，其他不是很扣题的内容又太多了。

一篇好的作文需要有详有略，如果只堆砌材料，不分主次，会淹没中心意思，让人分不清重点，就像晗晗一样。怎样做到详略得当呢？

一是根据文题定详略。对直接表现中心主题的材料要放开笔墨，写得充分具体；对虽然与中心主题有关，但不能直接体现的材料要少用笔墨，进行概括式的叙述即可；对那些只起说明或交代作用的材料，要惜墨如金，一笔带过。

二是根据文体定详略。记叙文中记叙的部分应详写，抒情、写景的部分应略写。以写人为主的文章，人的事迹、言行应详写。一人多事的文章，应详写一部分事，略写其他事；一事多人的文章，主要人物详写，次要人物略写。写景的文章，写景的部分应详写，其他部分应略写。

三是根据结构定详略。文章主体部分需详写，开头、结尾、过渡部分要略写。比如，我们在记叙事情时，事情的经过，尤其是高潮部分需要详写，而交代事情起因、地点、人物、结尾的部分需略写。

高效学习法

三步法助力详略得当

第一步，明确写作主题。在写作之前，我们一定要明确表达的主题是什么，然后才能思考和主题相关的事例。

第二步，围绕主题搜集事例。在明确主题后，我们就可以列举紧扣主题的事例。

第三步，确定哪些事例要详写，哪些事例要略写。比如，我们可以详写自己擅长写的、感兴趣的事例，略写其他的事例。

11 Day 点题让主旨更清晰

烨烨写完作文后再看时，觉得主旨不够清晰，他不明白是怎么回事。邻桌学霸枫枫说，这是因为他总不点题。之后，枫枫把自己点题的妙招告诉了他。

同学们，在写作文时，点题点得好，不仅可以使文章中心突出，主题鲜明，还能给读者留下深刻的印象。不过，很多同学不会点题。这该怎么办呢？看看下面的几种点题方式吧！

一是通过描写点题。比如，《燕子》一文的开头："一身乌黑的羽毛，一对轻快有力的翅膀，加上剪刀似的尾巴，凑成了那样可爱的活泼的小燕子。"这里通过描写燕子的外形点明题意。除此之外，我们写动物，还可以通过写动物的行动点题。若是写人，除了外貌描写，可以通过描写人物的心理、语言、行动点题，也可以通过描写景物环境等含蓄点题。

二是通过抒情点题。比如，《鸟的天堂》一文的结尾："昨天是我的眼睛骗了我，那'鸟的天堂'的确是鸟的天堂啊！"作者直抒情怀，点明中心，大大地增强了文章的感染力。

三是通过叙述点题。这种点题方式比较常用。比如，《荷花》一文的开头："清晨，我到公园去玩，一进门就闻到一阵清香。我赶紧往荷花池边跑去。"这里用叙述的方法点题，表达了对荷花美景的喜爱。

四是通过议论点题。比如，《丁香结》一文的结尾："每个人一辈子都有许多不顺心的事，一件完了一件又来。所以丁香结年年都有。结，是解不完的；人生中的问题也是解不完的，不然，岂不太平淡无味了吗？"这段议论既点明题旨，也为文章增添了光彩。

高效学习法

写作点题的技巧

1 不断出现文题词语

我们写作文点题，需要在文中用一个文题词语或几个类似的语句反复点明主题，特别是记叙类、散文类文体，需要处处点题。有些文章可首尾点题，互相呼应。有的记叙文可以在记叙的过程中逐一点题。

2 在关键处或醒目处点题

可在文章的标题、开头、结尾、中间几段的段首和段尾点题，必要时可以把点题的语句单独成段。比如，文章结尾点题是最常用的点题方法，可起到画龙点睛的作用。

3 巧用修辞点题

如“引用”点题，比如，《桂林山水》一文开头：“人们都说‘桂林山水甲天下’。”作者开篇引用名句点题，不但赞美了桂林山水的景色，也表达了对桂林山水的喜爱之情。除此之外，我们还可以用排比、设问等修辞手法来点题。

12 Day

让作文语言流畅

燕燕每次写完作文后通读时，总觉得读起来有些生硬、晦涩，不像课本上那些课文，读起来特别流畅。爸爸说可以学一些方法来避免这种情况。

同学们，好文章的语言应该是流畅的，而不是疙疙瘩瘩的。我们写作文时，一定要注意锤炼语言，让作文语言通顺流畅，有一定的可读性。怎样才能做到语言流畅呢？

一是语言要规范。在写作中，为了使语言规范，我们要注意词语的感情色彩、适用范围，不要使用生僻词语，也不要随意造词。同时我们也要注意句子要完整，且不要出现搭配不当和误用关联词等毛病。还有，在写作时应尽量不用方言俚语，但记叙性文章描写风土人情的部分除外。

二是语言要准确。我们写作时要推敲语言，比如使用词语时，就要选择最贴切、最能恰当地反映客观事物特点、最能增强语言表达效果的词语。比如，“前村深雪里，昨夜一枝开”“春风又绿江南岸”等都是这方面的典范。

三是语言要连贯。写作时，我们要做到：文章句子与句子之间有语言和语气上的联系；每段文字的话题、中心统一；适当使用过渡性语言，比如，“但是”“然而”等，段落之间也可以安排句子来承上启下，避免文章太过“跳跃”。

高效学习法

过渡写法

写作时，我们可在句子中使用关联词如“不仅……而且……”或序数词“第一、第二、第三……”等来过渡；也可在句子间安排一个句子过渡，体现句子间的关系；如果文章前后内容变化大，可在段落与段落之间加上一两句话或者一段话来过渡；我们也可以给文章各部分取一个小标题，加强文章的层次感；还可以通过一两句设问，引导读者继续往下深读。

13 Day

让文章有文采

小智很不满意自己写的作文，因为虽然表达出了自己的想法，但总是显得很干瘪、死板，一点不生动，也毫无美感。他很羡慕邻桌文文，写什么都很有文采。

同学们，在写作的发展等级中有一条明确规定：文章要有文采。没有文采的文章会让人感觉无趣，就像小智的作文一样，自己都不愿意看。文章如果有文采，描写生动，文辞优美，读者读着会觉得是一种享受，老师也更愿意给高分。那么怎样让文章有文采呢？

一是巧妙运用修辞。排比、对偶可使语言气势磅礴，富有节奏感；比喻和拟人可使语言活泼、形象，更具美感；夸张可以增强表达效果，突出事物的本质，也能加强语气、情感，烘托氛围等。所以，我们写作文时应有意识地使用一些修辞手法，使文章形象生动、鲜活亮丽。

二是使用详细和具体的描述。我们可以适当地对事物进行精细的刻画，增加细节描写，这样能更好地体现人物的真切情感，产生动人心弦的情感魅力，还能在读者心里形成画面。

三是句式要有变化。写作文时，我们不要平铺直叙，要恰当地交替使用各种句式，在整齐中求变化，让语句错落有致，节奏鲜明。

四是要绘形、绘声、绘色。我们可以使用视觉描写、听觉描写、触觉描写等，把声响、物体的形状与色彩等具体描绘出来，使人有身临其境的感受。

除了上述方法外，我们还可以精心选词，使用活泼的语言、化静态为动态、化抽象为形象等办法，让文章生动，文采斐然。

高效学习法

巧用古诗词写作文

古诗词是语言的精华，若是能巧妙用到作文里，会使文章充满文化底蕴，更具表现力。如何做到巧妙引用呢？

1 直接引用

写作文时，我们可以直接引用古诗词来对情境进行渲染或对观点进行证明。比如，当我们描写春天的柳叶时，可以引用贺知章的“碧玉妆成一树高，万条垂下绿丝绦”来给文章增添底蕴。

2 灵活仿用

有时写作文时，有些古诗词不便于直接引用，那么我们可以巧妙地仿用，但是要注意仿写的古诗词应是大家都熟悉的，并且仿写时不要歪曲古诗词。如有同学将李白的“天生我材必有用，千金散尽还复来”仿写成“天生我辈已无用，千载良机不复来”，来形容那些不求上进还给自己找理由的人，这就是不恰当的。

3 巧妙变用

我们可以在充分理解诗词的基础上，对古诗词句子进行剪裁、修改，化成自己的语言进行写作。

14 Day 给作文一个漂亮的结尾

华华写作文总是洋洋洒洒，该结尾的时候根本停不下来，要是刻意写结尾就会写得干巴巴的，让文章显得虎头蛇尾、画蛇添足。

人们常把文章漂亮的结尾称作“豹尾”，意思是说文章的结尾要像豹尾一样生动、有力、简洁、明快，而且还要让读者读完之后久久不能忘怀。那么，怎样给文章一个漂亮的结尾呢?

一是呼应性结尾。这种结尾方式就是在全文结束时，呼应题目或开头，这样能使文章结构严谨，浑然一体。比如，《白鹭》一文开头与结尾就相呼应。

二是活用修辞结尾。我们在结尾处巧妙运用修辞手法，特别是比喻、排比、对偶等，不仅会使文章生动形象，文采飞扬，还可以显示出写作目的。

三是巧妙发问结尾。我们可以在结尾提出问题，这样可以引发读者的思考。

四是引经据典结尾。我们可以在结尾处引用与主题有密切关系的名人名言、古诗文、俗语、谚语、歇后语等，这样可以起到深化主题的作用。

高效学习法

借助范文学写结尾

1 给范文写结尾

我们可以买一些作文书，阅读范文的时候先拿纸遮住结尾，之后自己尝试给范文写结尾，并尽量运用多种方法多写几个。然后把纸拿走，看看我们自己写的结尾同原文相比，有什么不同，有哪里需要改进，并多次进行这样的训练。

2 看范文结尾总结

我们买来作文书之后，多看看范文是怎么结尾的、用了什么手法等，尤其要关注同类型文章的结尾有什么异同。然后总结、归纳，之后自己再尝试写一写，写完之后跟原文对比，看看自己写的有什么不足之处，取长补短。

15 Day 改出好作文

涛涛写完作文之后就放到一边，爸爸检查他的作文时总是会发现很多问题，于是跟他说，作文不是写完就完事了，还要学会修改。

很多同学像涛涛一样，作文写完之后就不管了，都习惯地交给老师评改。俗话说“三分文章七分改”，其实，我们可以自己评改自己的作文，这样也有利于提高自己的写作能力。那么，修改自己的作文需要注意些什么呢？

第一，我们需要注意主题是否明确，内容有没有和题目相照应。我们可以归纳自己作文的主要内容，然后跟作文题目进行比较，看看文章是否扣题。

第二，看看语句是否通顺、是否有病句。我们写好作文后，可以出声朗读，如果读起来拗口，听起来别扭，就说明语句是有问题的。这样，文章中不通顺的病句就都找出来了，然后就可以进行修改。

第三，看看有无错别字。写完作文后，我们再从头到尾把作文仔细看一遍，看看有没有写错别字，尤其要注意“的”“得”“地”的用法，对于标点、格式等也需注意。

我们也可以多次阅读，每次阅读都要带着不一样的侧重点。此外，我们还可以考虑要不要使用修辞手法来提升句子的美感。这样逐步完善，可以有效地提高自己的写作能力。

高效学习法

修改作文的不同方法

交换修改

俗话说：“当局者迷，旁观者清。”我们可以把自己的作文与其他同学的进行交换修改，互挑毛病。

时间冷却法

我们修改完作文后，可以先放一边，等过一段时间之后，我们学习了新的方法，有了新的积累、新的感悟，可以再拿出来修改。

第3章

下笔如有神

16 Day 写景作文技巧多

周末，爸爸妈妈带着凯凯去一个风景区游玩。回来后，妈妈建议凯凯写篇作文，将所看到的美景描绘出来。凯凯心想很容易啊，谁知写完了一看，作文里写的跟看到的相差好多啊。

在写作中，我们经常需要加入一些景物描写，然而很多同学却写不好风景画面，哪怕是自己用心欣赏过的，也描绘不出来，就跟凯凯一样。如何写好风景，让人一看就有置身于其中的感觉呢？学一学下面的小技巧吧！

一是要仔细观察，抓住特征。想要写好一篇写景作文，离不开细致准确的观察。我们观察时，要有立足点，立足点可以固定（空间方位）也可以变换（移步换景）。观察时，要抓住不同季节景物的不同特点，不要生搬硬套。

二是要按一定的顺序进行描写。我们描写景物时，可按照由上而下、由下而上、由近及远、由远及近、由里到外、由外到里或由中间到四周等顺序描写，也可按时间顺序描写。总之，把握住写景的顺序，文章才能层次分明，清晰自然。

三是不忘自己与景物之间的关系。“一切景语皆情语”，我们写景时，要有意识地把自己的感情、感受写进去，这样会让人产生一种身临其境之感。

四是要有意境。写景作文如果没有意境，就会很平庸，不能引人入胜。有意境才会意蕴深远，使读者产生共鸣。

五是巧用修辞，适当想象。巧妙使用修辞能使景物可感可触，让景物活起来，比如把熟透的稻田比作泛着金黄波浪的大海，就能生动形象地写出丰收的景象。想象可以帮助我们突破空间限制，把景物的内在特征写出来，从而突出景物特点，使景物描写更形象、更感人。

高效学习法

构造意境的方法

写景作文应讲究一定的意境，这样所写的景物才能使人如临其境。试试下面的方法吧！

1 “定”与“移”结合

景物是丰富多彩、变化多端的，而且即使是同一事物，观察、描绘的立足点、角度不同，事物的面貌、效果也各不相同。所以，仅凭一个观察点来观察、描绘景物是远远不够的，需要把定点与移动观察结合起来。随着观察点的变化，景物的千姿百态就会呈现在眼前。

2 “虚”与“实”结合

写景时虚实结合，能使所写的景物更形象，文章富有立体感，同时达到深远的境界。

3 “动”与“静”结合

静中有动，动中有静，两相对比，互相映衬，这样描绘景物才会生动、活泼，文章才能情趣盎然。

4 “景”与“情”结合

情与景密切相关，情是灵魂，景是载体，让景与情有机融合，才能使读者产生共鸣。

17 Day 让人物鲜活起来

上周老师布置了作文任务，让大家写写自己的家人。珍珍和邻桌薇薇都选择了写妈妈。然而当她们写完，互相检查错误时，发现两人所写的妈妈几乎是一个模子刻出来的。

每个人都是鲜活的、与众不同的，然而很多同学在写人物时，总是会把人物写得苍白模糊、千篇一律。怎样让人物从纸上“走”出来呢？看看下面的方法吧！

一是要交代清楚人物信息。如年龄、性别、职业、性格等。

二是要写出人物的特点。每个人都有自己的特点，我们只有把人物的特点写出来，读者才会有深刻的印象，文章

才能与众不同。描写人物特点时，要根据中心思想有选择地写，不要想到什么就写什么。比如，写“我的邻桌”时，邻桌有哪些与其他同学不一样的地方呢？一定要写出来。

三是要选用典型、具体的事例。人与事是分不开的，当我们把事情写好了，人物也就写好了。一个人做的事有很多，我们所选的事件应该最能表现这个人的性格、品质和文章中心思想，而且应该是典型事例。比如，如果我们要写邻桌很淘气，那就要选择最能表现他淘气的事例。

四是要运用细节描写。我们写人时，要抓住细节。比如，鲁迅先生的《孔乙己》一文中有这样的话：“穿的虽然是长衫，可是又破又脏，似乎十多年没有补，也没有洗。”通过文中对孔乙己服饰细节的描写，我们不仅可以看出孔乙己很穷（长衫又破又脏），也可以看出他很懒（没有洗补衣服）。

上述方法我们可以试着选用一两条，之后循序渐进，这样我们笔下的人物就会越来越栩栩如生！

高效学习法

抓住特点描写

我们要想使人物活灵活现，就必须抓住人物的特点，可以从以下几个方面去描写。

1 外貌

比如，《少年闰土》中的外貌描写：“他正在厨房里，紫色的圆脸，头戴一顶小毡帽，颈上套一个明晃晃的银项圈。”“紫色的圆脸”说明闰土经常劳动、身体健康；“头戴一顶小毡帽”说明闰土是一个住在江南一带农村的孩子；“颈上套一个明晃晃的银项圈”写出了少年闰土的可爱。

2 行为习惯

比如，我们想要表现人物热爱学习，可以描写人物的行为习惯：“无论走到哪里，他总是带着一个小单词本，一有空就拿出来背单词。”

3 活动

我们可以通过神态描写、语言描写、动作描写、心理描写等手法，抓住人物活动时的表情、语言、动作等，来刻画人物的形象。比如，“他的眼珠子圆溜溜地转动，不知又在动什么歪脑筋”。

18 Day

写好状物类作文

小毅家里有只很可爱的宠物狗，他想：要是能用文字把它描摹出来，像画家画画一样，该多好啊！爸爸说，可以学习一些方法，然后细致描写，事物就会在纸上充满生命力啦。

我们每天会看到很多建筑物、动物、植物等，也会接触很多物品，它们都有不同的形态、色彩、质地等，怎样写好它们呢？

一是要仔细观察。观察是状物作文的第一步。对于静物，我们不仅要看它的大小、形状、色彩等，还要了解它的构造、用途等。对于植物，我们不仅要对花、叶、茎等各个部位进行观察，且要了解它的色彩、形状、大小等随四季变化而变化的特性。对于动物，我们既要观察它的外貌、神情姿态、动作，也要了解它的生活习性。

二是要有序描写。当我们选取好了描写内容之后，要按一定顺序进行描写。比如，由整体到局部、由上到下、由前到后、由里到外等，注意准确使用方位词，这样才能准确描摹物品，同时也使文章层次清楚。一般来说，写静物可以按照从整体到部分来写；写植物可按照根、茎、叶、花、果的顺序写，也可以按照生长规律、时间变化写；写动物一般先写外貌，然后写习性。

三是要抓住物品的特征。我们只有把物品的特征描摹出来，才能把物写真、写活。如写柳树，就要抓住它柔软多姿的特点；写杨树，就要抓住它挺拔的特点。

四是要融入感情。我们写物时，不应只是为了写物而写物，也要融入感情，表达出物品人格化的精神品质，这样文章才会有感染力。

不同物品有不同的特点，状物方法也不同。有些物品还需写出功能，有的建筑物需要写出地理位置和周围景物等。

高效学习法

用联想法写物品

我们写物时，展开联想，不仅可以使物更加具体生动，还可以增强文章的感染力。怎样展开联想写物呢？

1 让物动起来

比如，我们写火车模型，可以这样写：“它的样子逼真极了。我好像看见它满载旅客，在铁轨上行驶，发出与铁轨摩擦的声音……”

2 让物说起来

比如，写大树时，可以写它饱经风霜，依然挺立，正在对我说：“风风雨雨算什么呢？只会让我把根扎得更深。”

3 让物引发“我”的联想

可以写物品让“我”联想到以前的事，如“一看见它，我就想起 ×× 事，那时我……”；也可以是让“我”联想到以后的事，如“看到它，我希望将来有一天……”；还可以是让“我”联想到一些启示，如“这个不倒翁被我碰倒，它摇摆了一下又恢复直立状态，告诉我‘只要底盘稳，怎么也不会倒’”。

19 Day

把叙事作文写精彩

最近小玉身边发生了好多好玩的事，她把它们写了下来，分享给好朋友们看。可是朋友们都说，她写的事很平常，读起来一点意思都没有。

同学们，我们每天都会经历很多事情，也会遇到一些有意思的事情。如何将它们写下来，避免平淡乏味像流水账一样，而是看起来有滋有味呢？

一是主旨要鲜明。我们动笔前，要确定鲜明的主旨，这样就不会想到哪写到哪，以致没有重点。我们还可以在文章结尾时提炼中心，升华主旨。

二是选材要精当，详略得当。确定好主旨后，我们根据主旨选用那些最能体现主旨的材料写作，并且要点面结合，有详有略。

三是手法要灵活。我们可以：（1）在顺序中求创新，比如巧妙使用倒叙、插叙、分叙等手法，避免平铺直叙，使文章的吸引力大大增强。（2）通过对人物的描写来丰富情节。人物是推动情节发展的重要因素。我们要善于观察人物在事件中的动作、神态、语言等，抓住特征来写。（3）用象征手法表现某种抽象的概念、思想和情感，也可以使用修辞增强表达效果，在情节安排上可以采取欲扬先抑的手法，或者巧设悬念和巧妙的情节，让事情的发展一波三折，跌宕生姿。（4）适当运用景物描写，渲染气氛。

四是要有具体细节。“细节决定成败”，要想将某件事写得具体生动，我们就必须抓住细节。在写事件中的人物尤其是主要人物时，当时他“怎么说的”“怎么做的”一定要描述具体。如孟郊《慈母吟》写出了“临行密密缝，意恐迟迟归”的细节，让无数人被慈母之心感动。

高效学习法

如何让作文“一波三折”？

电视剧剧情越波澜起伏，我们越喜欢看。而“文似看山不喜平”，当事情被叙述得一波三折时，也会有让人欲罢不能的效果。具体怎么做呢？

1 悬念法

我们可以在文章开头或文章中提出问题，设置悬念，让读者产生好奇，从而不停地往下看。比如魏巍《谁是最可爱的人》中，最开始提出问题“谁是最可爱的人？”，读者就会想：“谁是最可爱的人呢？”然后就会继续读下去。

2 误会法

我们可以在叙事的过程中，先故意使人理解错误，然后随着故事情节的步步推进，将谜底层层展开，这样会给人以恍然大悟、豁然开朗的感觉。比如《驿路梨花》里，作者不断使用误会法来构思行文。

3 巧合法

所谓“无巧不成书”，要想引人入胜，我们可以在文中设置各种各样的巧合。欧·亨利的小说《麦琪的礼物》便是一个巧用巧合法的典范。

20 Day

让写读后感不再难

学了新课文后，老师让大家写读后感。明明半天也没有动笔，他觉得没什么感触，小伟说他应该再读一读原文，可是他再读之后有了想法也不知道如何去写。

同学们，我们都知道，多读书，读好书，读书好。但是若是走马观花地读书，那么读书给我们的益处就会很有限。所以，老师提倡我们写读后感，使我们读过的书发挥作用。那么，怎样写读后感呢？

一是要多读几遍，直到有自己的感悟。然后我们要从感悟中提炼出自己的观点，并用文中的内容分析和证明自己的观点。在议论文中的人或事时，要加上自己的真实感想。

二是要突出一点。我们可以从中心思想方面写，也可以抓住自己感受最深的一点来写，可以是一个情节、一个人物、一句闪光的话，最好是突出一点，写出真情实感。

三是要结合现实。我们写读后感应联系实际发表感想，可以阐述今后在学习和生活中应该怎么做，使之具有现实意义。

四是各部分要连贯。我们应恰当地在各段落之间使用过渡语句连接，使各部分之间联系紧密，读起来更加连贯。

五是结尾要升华。我们可以在结尾回应前文，强调中心；也可以提出希望，发出号召，使结尾起到总结全篇或者引人深思的作用。

高效学习法

画出来的读后感

姓名：	日期：
书名（文章名）：	作者：
这本书（这篇文章）讲的是什么？	
我最喜欢的人物是谁？为什么？	
本书（文）让我印象最深的地方是哪里？	
通过这本书（这篇文章）我学到了什么？	

21 Day

考场作文这样写

彤彤平常作文写得特别好，可是每到考试时，她就写不好作文，最后因为作文得分不够理想而影响成绩。

同学们，我们都知道作文在语文试卷中占分比重很大。然而很多人的考场作文写得不出彩，只能拿一般的分数，就像彤彤一样。怎样让考场作文精彩、得高分呢？看看下面的方法吧！

一是要审清题意。我们只有弄清了题目的要求才能写出合格的文章。

二是要给自己充足的构思时间，不要急于动笔。考试作文改起来很困难，不能边写边改，所以我们动笔前一定要认真构思，并且构思要扣题，不能偏题、跑题。

三是立意要积极、健康、新颖、深刻。我们在考场写作文时立意不能与主流价值观背道而驰，而且要尽量新颖、深刻，不能老生常谈，也不能只停留在表面。

四是要有一至两个亮点。亮点可以是一个精当的引用，也可以是一句富有哲理的警句。如果我们写记叙文，则应写出吸引人的情节。

五是注意开头、结尾，结构、段落要分明。我们一定要在开头、结尾下功夫。而且要采取“总分总”或“总分”结构，让段落不低于四个，使段落分明。

高效学习法

列提纲写作文

写考场作文时，列好了提纲就有了底。具体怎么操作呢？

一是写出文章的题目。

二是写出文章的主要内容和中心。

三是做好结构安排。（1）安排好材料的组织顺序，确定先写什么、后写什么，全文分为几个部分，每个部分写什么。（2）确定哪些地方详写、哪些地方略写，重点部分又该分为几层，每层怎么写。同时，确定开头、结尾的写法，点题的时机，段落层次之间如何过渡等。

我的 21 天学习体验

经过这 21 天的学习，你一定有不少收获吧！把自己的学习体验在下面写一写，看看自己有哪些收获、哪些不足吧！

我的收获

我的不足

小学生21天高效学习法

唤醒孩子的学习脑

王轩 主编

学习高手记忆术

黑龙江科学技术出版社
HEILONGJIANG SCIENCE AND TECHNOLOGY PRESS

图书在版编目（CIP）数据

小学生高效学习法 ：21 天唤醒孩子的学习脑．学习高手记忆术 / 王轩主编．-- 哈尔滨 ：黑龙江科学技术出版社，2024.3
ISBN 978-7-5719-2253-5

Ⅰ．①小… Ⅱ．①王… Ⅲ．①小学生－学习方法 Ⅳ．①G624

中国国家版本馆 CIP 数据核字（2024）第 058217 号

小学生高效学习法——21 天唤醒孩子的学习脑．
学习高手记忆术
XIAOXUESHENG GAOXIAO XUEXIFA —— 21 TIAN HUANXING HAIZI DE XUEXI NAO.
XUEXI GAOSHOU JIYISHU

王轩 主编

项目总监 薛方闻
责任编辑 李 聪
插 画 文贤阁
排 版 文贤阁
出 版 黑龙江科学技术出版社
地址：哈尔滨市南岗区公安街 70-2 号 邮编：150007
电话：（0451）53642106 传真：（0451）53642143
网址：www.lkcbs.cn
发 行 新华书店
印 刷 天津泰宇印务有限公司
开 本 710 mm×1000 mm 1/16
印 张 4
字 数 32 千字
版 次 2024 年 3 月第 1 版
印 次 2024 年 3 月第 1 次印刷
书 号 ISBN 978-7-5719-2253-5
定 价 128.00 元（全 6 册）

前言

不知道怎么预习，语文生字这边记了那边忘记，不知道怎么审数学题，英语单词总也记不牢……这样的问题你是不是也经常遇到？我们到底是在哪个环节出了问题呢？

在同一个教室里，面对同样的老师，花费相同的时间，但是有的同学学习好、进步快，这是为什么呢？

难道是因为自己太笨？其实，没有天生的笨学生，只有笨的学习方法。只要掌握高效学习法，你也能轻松提高学习成绩。

为了让大家全面系统地掌握高效学习法，我们编写了这套《小学生高效学习法——21 天唤醒孩子的学习脑》，书中结合孩子在学习过程中遇到的语文、数学、英语、作文、记忆力和考试等问题，先以小场景引出问题，再有针对性地介绍一些实用、高效的学习方法，最后再给出具体的学习技巧。不论你是在学习新知识的过程中，还是在巩固复习的阶段；不论你是学习具体的学科知识，还是提高自身的学习能力，本套书都能给你帮助，激发你的学习兴趣，帮你提高学习效率。

希望这套书能让大家树立正确的学习观念，全面掌握学习学科知识的方法，最终养成高效学习的习惯。希望大家在学习的过程中，真正把高效学习法贯穿始终，不断取得进步，从此学习更轻松、更高效，学习成绩越来越好。

目录

第1章 这样记忆很有趣

第2章 这样记忆很巧妙

第3章 这样记忆很形象

第 1 章

这样记忆很有趣

1 Day

巧编故事记忆法

松松背古诗很厉害，他不仅会背很多古诗，背起新学的诗，速度也比同学快很多，别人都称他为“神童”，过目不忘，他却谦虚地表示他只是用编故事的方法记住了古诗而已。

古诗词，有长的，也有短的，背诵起来难度大小不一，很多同学对此也感到头疼，在遇到默写诗句的题时，也常常丢分。能像松松这样背古诗的同学少之又少。那么我们该如何用松松所说的编故事的方法来背诵古诗呢？

首先，要读懂这首诗。古诗的用语习惯与我们现在的白话文相差很大，很多字词生涩难懂，不弄清这些字词的含义，就很难完全理解这首诗，所以我们要借助学习工具书，把这些生涩的字词读懂。

其次，编故事。把文言句子翻译成现代文，那样我们就能在头脑中对这首诗词所描述的事物有个整体的认知，形成诗词画面。然后编诗词故事，比如《枫桥夜泊》，我们可以编这样一个故事：一个落魄的诗人看到夜晚凄凉的景象，听到寒山寺的钟声，在深夜久久不能入眠。

最后，尝试顺着所编故事的主线进行背诵。比如，背《枫桥夜泊》时先背诵诗人看到的凄凉景象，再背诵诗人听到钟声即可。

有些诗词比较适合用编故事的方法进行背诵，但也有些诗词不适合用这种方法，我们要根据具体情况来定。

高效学习法

古诗词诵读卡帮助记忆

古诗词高度凝练，与其他课文不太一样。要想快速地记住古诗词，我们不妨把需要背诵的古诗词制成可随身携带的卡片，在时间允许的情况下，随时可以拿出来背诵。诗词卡片最好用硬纸片制作，两面都可以记录诗的相关内容，比如，卡片的一面是诗，另一面可以是注释和译文。

2 Day 巧妙运用游戏记忆法

壮壮的英语成绩一般，他最讨厌的就是背单词。他觉得背单词毫无趣味，而且这边才记住，那边就忘了，浪费了很多时间。时间长了，他对学习英语毫无兴趣。

英语是由一个个英语单词构成的，学英语，不可避免地要记单词。单纯机械地记单词，不仅枯燥乏味，而且效率极低。壮壮之所以讨厌背单词，是因为他没有掌握有趣高效的背单词方法。那么，如何快乐地背单词呢？这里介绍一种背单词的有趣方法。

第一步，把要背的单词分类汇总。比如，水果、服装、动物等，这个可以对照单词表在笔记本上完成。

第二步，准备一些白色硬纸卡片。把这些卡片裁成扑克牌大小，然后把单词写在卡片上（一张卡片写一个单词）。

第三步，把这些卡片混合在一起，找一个伙伴跟自己像玩扑克牌那样玩这些卡片。两人依次摸牌，相互不看对方摸到的牌，然后根据对方的牌发牌，牌上的单词要对应为同一类型，比如，对方的牌是单词“banana”，你出“apple”则能对上，出的不是水果类的单词，则不能对上。如果不能对应对方的牌，则由对方继续出牌，先出完手中牌的那一方获胜。

高效学习法

音节记忆法巧记单词

音节记忆法，也叫自然拼音记忆法、读音规则记忆法。它是根据音节的特点来巧妙地记忆英语单词。

常见音节有开音节、闭音节、r 或 re 音节、成音节 4 种。根据音节的不同，可以把单词分解成几部分，然后记忆。比如，单词 unfair 可划分成 un-fair 两个音节，单词 discover 可分为 dis-co-ver 三个音节，单词 under 可分成 un-der 两个音节。

3 Day 好玩的顺口溜记忆法

淘淘最近进步特别快，很难记的知识他都能很快记住，同学们感到很奇怪，都问他是不是掌握了什么巧妙的学习方法，淘淘说他只是掌握了顺口溜记忆法。

小学阶段学习的很多知识都需要背诵，有些知识点可以用巧妙的方法记住。比如，顺口溜记忆法就是一种既有效又有趣的学习方法。淘淘正是用这种方法才记住了很多要记忆的知识，取得了很大的进步。那么我们该如何去编顺口溜呢？下面我们就来看看如何用顺口溜辅助记忆。

一是多学习，多看书。知识点之间都存在联系，要想编好顺口溜，首先自己的知识储备一定要丰富，这就要多阅读，不管是文学类的书还是科普类的书都要有所涉猎。

二是多向老师和会编顺口溜的同学学习。学习编写顺口溜跟学习其他知识一样，向有经验的人寻求帮助，可以少走很多弯路，快速掌握编顺口溜的技巧。另外，还可以把自己编好的顺口溜给他人看，请其帮忙修改。

三是不断练习。根据编顺口溜的技巧，在学习某些知识点的时候有意识地编顺口溜，多多练习，一定能从生疏到熟练，慢慢提升。

四是多看一些编写顺口溜的专业书籍和视频教程。编写顺口溜的书籍和视频教程比较专业系统，如果在课堂上没有掌握编顺口溜的方法，课后可以自学。

五是可以加入一些读书社群。如果自己摸索编写顺口溜的方法，一方面很难提高自身的积极性，另一方面很难从他人那里学习经验。加入读书社群，社群里有很多擅长编顺口溜的人，他们可以为我们提供很好的思路和方法。

高效学习法

巧编顺口溜

用顺口溜学习法辅助学习，不仅有趣而且高效，别人编好的顺口溜，我们只要背记就行。另外，如果想自己编一些顺口溜，有什么好方法呢？

1 通过字形来编顺口溜

比如，我们在学汉语拼音的时候，就可以根据拼音字母的形状来编：“一门是 n，二门是 m；f 像拐棍，t 如伞把；h 像椅子，k 不小心就碰壁，拿棍赶猪 I I I。”这个顺口溜读起来朗朗上口，能帮你快速记住这些拼音字母是如何书写的。

2 通过字义来编顺口溜

比如，我们用顺口溜来学习英语，be 的用法口诀：我用 am，你用 are，is 连着他她它；单数名词用 is，复数名词全用 are；变疑问，往前提，句末问号莫丢弃；变否定，更容易，be 后 not 莫忘记；疑问否定任你变，句首大写莫迟疑。

用顺口溜记忆的好处很多，它既短小精悍，又能涵盖最重要的记忆信息，而且读起来朗朗上口，三五遍就可以将知识点全部记住。所以，要想减轻记忆压力，顺口溜记忆法是一条捷径。

4 Day 形象的比喻记忆法

丽丽总是记不住知识点，这边刚记住，那边就忘了。今天杨老师讲了一个非常有趣的方法，丽丽用这个方法进行记忆，效果确实不错，这个方法就是比喻记忆法。

比喻是我们在语文课上学习的一种修辞手法，它能把事物描绘得更加形象生动，方便理解。丽丽在老师的指导下，把这种方法运用在记忆中，之所以能收到良好的效果，是因为我们的大脑容易记住形象具体的东西，而比喻记忆法能把抽象的知识具体化。那么，我们该如何运用比喻记忆法呢？

首先，明确记忆内容。在学习的过程中，我们要记忆的内容很多，并不是所有的知识点都适合用比喻法来记。我们不能生搬硬套，而要有意识地选择那些适合运用比喻的知识点。

其次，把抽象的知识具体化。根据比喻的形象去记忆知识点。由于这些形象都比较具体，所以多记几次，就能很轻松地记住这些知识点。

最后，经常复习巩固。用比喻记忆法虽然帮助我们减轻了记忆的难度，但是如果不经常复习巩固，还是很容易忘记，经常复习巩固能增强我们运用比喻记忆的效果。

高效学习法

用比喻法记忆真分数、假分数

在学习真分数和假分数的概念时，我们就可以运用比喻法。分数由分子、分母和分数线构成，我们把分子比喻成儿子的年龄，把分母比喻成母亲的年龄。儿子的年龄小于母亲的年龄（分子小于分母），这是合理的，所以是真分数；儿子的年龄大于或等于母亲的年龄（分子大于或等于分母），显然是不合情理的，所以是假分数。用这样一个生动的比喻，把数学概念与我们的生活常识联系起来，便能使我们更好地理解真分数、假分数的概念。

第2章

这样记忆很巧妙

5 Day 松紧适当，记忆效果好

小虎最近听课遇到了困难，他想每节课都专心致志地听，但往往难以集中精力，有时候听着听着就走神了，老师讲了什么内容，他全然不知。因此，小虎陷入了深深的自责中。

小虎想每节课都全神贯注地听，却总是做不到，他因此而自责。导致这种结果最主要的原因就是小学生的精力有限，每天除了完成作业，还要上好几节课，要想每节课自始至终专注地听讲，精神会高度紧张，很容易疲劳，坚持下来会十分困难。其实，对于老师上课的整个过程，我们不需要全过程保持精神高度集中，而只需要对老师在课堂上所讲的重点知识进行重点记忆即可。

首先，我们要清楚老师讲课过程中的各个环节和流程。老师讲课通常都是前期做铺垫，中间讲重难点，最后做总结。在课堂的前 10 分钟内，老师基本上会带领大家回忆上一次课的内容，抽查同学们上次课的作业，从而判定大家的学习状况。如果你对上次课的知识点掌握得比较牢固，这个时候你就可以放松心情，跟随老师的节奏来进行复习和进入新课程的学习。

其次，在听重难点内容的时候，精神要集中。老师带领大家复习完上次的课程后，就会讲新的内容，很多重难点知识都会在这个时候进行讲解，所以这个时候一定要集中精力，专心致志地听讲，不可分心。这些知识点在课堂上不解决，若想着课后再去处理，必然会花费很多时间，效果也不一定好。

最后，老师讲解完这次课的重难点内容之后，通常会做总结，然后布置一些课后作业让大家巩固练习。这个时候你可以放松一下心情，在老师总结内容的时候，看看自己是否有不懂的地方，并把那些不懂的地方做好标记，方便下课后问老师或者同学以解决问题。

根据老师的授课内容来调节自己的注意程度，不仅能放松心情，使自己得到休息，而且能使自己在状态最佳的时候学习那些难懂的知识，提高学习效率。

高效学习法

让大脑放松的方法

大脑在放松的状态下记忆的效率会更高，那么如何放松大脑呢？我们可以采用以下方法。

1 保持愉悦的心情

愉悦的心情可以提高睡眠质量，使大脑得到充分的休息，从而使大脑保持放松的状态。

2 每天做适量的舒缓运动

比如，在公园或者操场慢跑、散步、打太极拳等。适量的锻炼可以使身心得到充分放松，从而使大脑得到放松。

3 选择一个安静的地方

在疲劳或者精神紧张的状态下，可以选择一个安静的地方，闭上眼睛听一些舒缓的音乐或者喜欢的歌曲，让大脑处于放松状态。

4 作息要有规律

给自己做一个切实可行的作息时间表，良好的作息规律可以使身体一直处于一种舒适的状态，从而使大脑得到放松。

6 Day 巧用联想记忆法

晓晓用联想记忆法能把一连串的词语很快记住，菲菲觉得很不可思议。当晓晓给菲菲演示一遍后，菲菲对这个方法赞不绝口，并打算像晓晓那样用联想记忆法记忆知识点。

知识之间普遍存在联系，不仅有纵向联系，还有横向联系。像晓晓那样用联想记忆法能帮助我们快速记住知识点，那么什么是联想记忆法，我们如何利用联想记忆法来记忆知识点呢？

一是根据字形进行联想。我们学习的汉字是由日常生活中常见的现象演变而来的，有些字，看到具体的字形，我们就能联想到相关的事物。比如，看到“田”字，我们就能想到被划分为一块一块的田地；再比如看到“火”字，我们就能联想到熊熊燃烧的大火。

二是根据词语的意思进行联想。我们用联想记忆法，可以把一些看似不相关的词语联系起来。比如，足球、草地、风筝、钓鱼、公园、饮料、流汗，这几个词就可以用联想法进行记忆，可以记忆为：在公园里，有的人钓鱼，有的人放风筝，还有的人在草地上踢足球，流了很多汗，他们打算买一些饮料解渴。这样用不了一会儿，你就能把这些词语全部记住了。

高效学习法

联想法背古诗

古诗之间也有一定的相关性，我们在背诵古诗时，也可以采用联想记忆法。比如，我们在背诵孟浩然的《春晓》时，由“春眠不觉晓，处处闻啼鸟。夜来风雨声，花落知多少”，可以联想到王维的《画》：“远看山有色，近听水无声。春去花还在，人来鸟不惊。”由诗中的“春去”还可以联想到《咏柳》：“碧玉妆成一树高，万条垂下绿丝绦。不知细叶谁裁出，二月春风似剪刀。”

7 Day 避免出现记忆空白点

小林上课的时候，对于不懂的问题习惯于马上弄懂，但这也经常给他带来困扰。因为在他还没有彻底弄明白的时候，老师已经开始讲解后面的内容了，导致他后面的内容也没听懂。

有些同学跟小林一样，上课因为各种原因没有紧跟老师的思路，导致课堂上的记忆效果不佳。上课不能跟随老师的思路，无法保持听课的连续性，会使整堂课都支离破碎，导致自己在课堂上没能完整地记下知识点。出现记忆空白点后，即便是下课了也很难补救。那么，我们该如何避免出现记忆空白点呢？

首先，积极回答老师的提问。老师在授课的过程中，为了吸引学生的注意力，往往会进行提问。在老师提问后，我们应积极思考，踊跃回答问题，这样就可以抓住老师讲解的重要内容，可大大降低出现记忆空白的概率。

其次，注意老师的提示语。对于同学们容易弄混的知识点，老师在讲课的时候会经常用一些提示用语，如“请注意”“我再重复一遍”“这个问题的关键是……”等，注意这些提示语，可以避免在听课的时候出现记忆空白。

再次，紧盯老师的解题过程。有些题比较难，尤其是一些数学题，老师会在课堂上一个步骤一个步骤地仔细讲解，这个时候要紧跟老师的解题步骤进行思考，感悟老师的讲课方法。这有助于理解，能辅助我们记忆结论，也有助于提高我们分析问题和运用知识的能力。

最后，不在不理解的问题上浪费时间。有些知识点比较难，老师讲解之后也很难马上弄懂，这个时候应做好标记，不再纠结，等下课的时候再去询问老师或者同学。

高效学习法

超前思考听课法

跟不上老师上课的节奏，听课出现记忆空白点，要想解决这些问题，除了前面介绍的方法外，成绩优秀的学生也可以采用超前思考法来听课。那么，什么是超前思考听课法呢？

超前思考，顾名思义，就是在老师还没有讲到的时候，提前思考，预想老师会讲解哪些内容，然后找到思路，在上课的时候把自己的思路跟老师的思路做对比，发现自己的思路与老师思路的不同之处，寻找不同的原因，找到优化自己学习思路的方法。

这种方法会使你把关注的焦点都集中在自己思路与老师思路的比对上，可以避免你上课开小差。所以如果你无法避免上课开小差，不如在课前提前思考。你的思路不一定比老师的更深刻、更全面，你只需要想一些你能够想到的问题即可。

比如，我们在学习《珍珠鸟》这一课的时候，可以思考这篇课文写了什么，珍珠鸟有怎样的特点，作者表达了对珍珠鸟怎样的情感等问题。

超前思考可以帮助我们增强记忆，原因是我们自己在思考的时候记忆了一遍，在课堂上听老师讲解的时候又记忆了一遍，并且在第二次记忆的时候还进行了比对，会使记忆更加深刻，避免出现记忆空白点。

8 Day 循环记忆法很高效

老师要求同学们背诵语文课本后的生字表和英语课文后的单词表，小鹏怎么也背不好，旁边的珍珍告诉他用循环记忆法背生字和单词很有效。

与按照顺序记忆相比，循环记忆法本质上是一种非线性的记忆方式，它将原本的“线性有序”的记忆技巧变成了“循环小圈”的记忆模式，大多数同学像小鹏一样按照顺序记忆，都没有循环记忆法高效。下面我们介绍两种循环记忆法。

一是双双递进循环记忆法。下面，我们以英语单词为例讲解如何使用这种方法。

（1）将单词分组。以 30 个单词为例，分为 6 组，每组 5 个单词，然后给各组编号，分别为第 1 组、第 2 组、第 3 组、第 4 组、第 5 组、第 6 组。

（2）按如下步骤进行循环记忆。①学习并记忆第 1 组单词；②复习第 1 组单词；③学习并记忆第 2 组单词；④复习第 2 组单词；⑤复习第 1、第 2 两组单词（第一个小循环）。⑥学习并记忆第 3 组单词；⑦复习第 3 组单词；⑧学习并记忆第 4 组单词；⑨复习第 4 组单词；⑩复习第 3、第 4 两组单词（第二个小循环）。⑪全面复习巩固第 1、第 2、第 3、第 4 组单词（构成一个中型循环）。这样两组两组地进行复习，很快就能记住。

二是链条相扣循环法。链条相扣循环法是循环记忆法的一种，这种方法的特点是把前一个循环要记忆的内容作为下一个循环要复习的内容。我们看看如何使用这种方法吧！

（1）将单词分组。以 30 个单词为例，分为 6 组，每组 5 个单词，然后给各组编号，分别为第 1 组、第 2 组、第 3 组、第 4 组、第 5 组、第 6 组。

（2）按照下述步骤进行循环记忆。①学习、识记第 1 组单词；②学习、识记第 2 组单词；③复习第 1、第 2 组单词（第一个小循环）；④学习、识记第 3 组单词；⑤复习第2、第3组单词（第二个小循环）；⑥学习、识记第4组单词；⑦复习第3、第4组单词（第三个小循环），以此类推，进行复习记忆。

用以上两种方法记单词，每个分组的单词最好难度搭配适当，且每组单词以3～5个为宜。

高效学习法

巧用循环记忆法

可以根据自身的情况活用循环记忆法。以下建议可以使循环记忆法更高效。

1 缩短记忆单元

记忆单元是循环记忆法的核心，在使用循环记忆法之前，需要对记忆的内容进行拆分，被拆分的一个个小单元就是记忆单元，记忆单元越小，记忆的效率越高。

2 多角度理解

从不同的角度和层次理解相关知识，可以全方位理解知识内容，理解了的知识更容易被记忆。

9 Day “旧路新探”，非常规记忆

马上就要考试了，方方每天的复习都很紧张。他一遍又一遍地复习知识点，觉得枯燥乏味，虽然有些知识点顺着都能答上来，但是拆分开来或者迁移一下就不行了。

复习是我们学习过程中的一个必要环节，但并不是机械地重复，除了背诵、抄写之外，还可运用自我提问、举例说明、比较分析、材料对照、绘制图表、列提纲、做练习题等多种方式。方方的复习方法缺乏灵活性，不仅枯燥乏味，而且很难把知识点掌握透彻。那我们如何提高自己在复习过程中的记忆效果呢？“旧路新探”是我们常用的一种方法。在记忆的过程中不断增添新的信息，把学过的知识和新的认

知相结合，重新进行分析，用新学的方法解决旧问题，发挥思维的灵活性和创造性，争取每复习一次都有新的收获。运用“旧路新探”法进行复习记忆的步骤如下。

首先，逆向记忆。复习时从教材最后的章节开始，边复习边思考。对于记不牢的内容，可重点复习，强化记忆。把记不牢的内容记住之后，再进行下面的复习。逆向记忆打破了我们之前记忆的习惯，可对熟悉的知识点产生陌生感，从而加深对知识点的记忆。

其次，顺向记忆。逆向记忆之后，我们再顺向记忆，把之前逆向记忆发现的问题，在顺向记忆的时候巩固一下。这时候要厘清知识点内在的联系，一环紧扣一环地进行记忆。

最后，顺逆交错记忆。在进行逆向记忆和顺向记忆之后，再顺逆交错记忆，这样执因求果、溯本求源地交错思考，极有利于掌握教材的结构特点，弄清知识的来龙去脉，既能巩固、深化理解知识，又能厘清思路，学习思考方法，独立探索问题。

高效学习法

如何培养逆向思维能力？

培养逆向思维能力有助于提高逆向记忆力，那么应该如何培养我们的逆向思维能力呢？

首先，多观察和思考。观察和思考可以帮助我们理解知识点，在理解的基础上，我们才能从不同的角度去思考。

其次，打破常规的思维模式。不打破常规的思维模式，我们就很难从另一个角度去看待问题。比如，我们可以通过类比的方式去思考问题，将不同的事物联系在一起，发现它们之间的相似之处。

再次，要多角度思考。逆向思维需要多角度思考。我们需要考虑问题的各个方面，从不同的角度去思考。比如，我们可以颠倒一些主客体的位置，或者颠倒一下因果关系，把顺序的线性思考方式变为立体的思考方式。

最后，要多学习和实践。要培养逆向思维的能力，我们要不断地去学习和实践，在学习和实践中不断地提高和改进自己的思维能力。同时，可向老师和家长寻求帮助，学习他们的经验，并在实践中加以验证。

10 Day 找出不同与相似，比较记忆

小冰在学习上有个好习惯，她喜欢对知识点进行比较。比如，今天学习了分数，她就会把小数和整数的知识也重新梳理一遍，把分数、小数和整数放在一起记忆。

掌握知识点之间的联系，对于理解和记忆知识点很重要。比较记忆法可以把孤立的知识点串连起来，帮我们在知识点之间建立联系，辅助我们记忆。像小冰这样比较着记忆，效率自然会高很多。

用对比法进行记忆，不仅会对知识的记忆更加深刻，而且在考试的时候还能把知识点连成串，使知识体系也更加完整。比较的方法有很多，下面我们简要介绍以下几种。

一是对立比较法。记忆时，把相互对立的知识点放在一起记忆，能形成鲜明的对比。比如语文学习中的反义词，英语学习中的单复数以及数学学习中的加法运算和减法运算、乘法运算和除法运算等。对立比较法可以使知识点更加系统化，容易留下深刻印象。

二是类似比较法。有些知识点表面上很相似，但有本质上的差异，记忆的时候可以找出相似知识点中的不同点进行比较，以加深记忆。

三是对照比较法。指同类材料的不同表达方式之间的比较，这是一种横向对比。一般做法是把同类的若干材料并列，在学习过程中进行比较。

四是顺序比较法。以上三种方法都是横向比较法，而顺序比较法是一种纵向比较法，一般做法是在学习新知识时，把它与之前学习的知识相比较，掌握它们之间的联系与区别。

高效学习法

对比记忆法记单词

我们所学的知识既有相似点，也有不同点，通过对比记忆，就能快速准确地记住知识点。比如我们在记英语单词的时候，把它的近义词和反义词也一并记下来，之后可以按照近义词、反义词的线索进行复习。那么，我们应该如何进行对比呢？

1 根据单词的意思进行对比

比如，反义词和同义词。

反义词词组：big–small　high–low　good–bad　right–wrong　fat–thin

同义词词组：good idea–great–OK–all right　good–fine–well　see–look at–watch

2 根据读音相同而单词的拼写不同来对比

比如，sun（太阳）–son（儿子）　I（我）–eye（眼睛）　right（右边）–write（写）　too（也）–two（二）

通过对比记忆，我们清晰地掌握了单词之间的区别，记忆起来效率也会更高。

11 Day 减缓遗忘的速度

老师在课前经常会复习上次课的内容，在抽答环节，每次抽到小虎，他都答不上来。上次课讲的内容，他几乎忘得一干二净，他怎么会忘得这么快呢？

学习的过程就是不断积累知识的过程，忘记得越快，掌握的知识就会越少。像小虎这样，老师上次课讲的内容，他几乎忘了个干净，记忆的效率自然就低。那么我们该如何减缓遗忘的速度呢？

一是把理解同记忆相结合。我们之所以遗忘得快，是因为我们根本没有理解这些知识点，而只是浅显的机械记忆。所以我们一定要把所记内容吃透，有了理论基础再来记忆就容易多了。

二是把抽象记忆同形象记忆相结合。在记忆抽象理论的时候，我们可以有意识地把它运用到具体的生活实践中，这样会使记忆更加深刻，能有效降低遗忘率，减缓遗忘的速度。比如，我们学习分数时就可以结合生活中的分苹果、分月饼来记忆。

三是不要逐字逐句地记忆。语言是我们理解的工具，字句最终的目的是让我们理解掌握知识和方法，所以在记忆的时候，应该先背整体，再背细节，逐层深入，慢慢展开。

高效学习法

多通道记忆法

所谓多通道记忆法，就是在记忆知识点的时候，通过视觉、听觉、触觉及肢体运动等多种方式进行记忆。实践表明，这种记忆方法比单独使用某种感官记忆效果要好得多。多个感官的协同，即眼看、嘴念、手写、耳听同时进行，这样可以从多个维度、多个层次进行记忆，要识记的信息会通过不同的感觉神经通路传入大脑，起到强化记忆的作用。

12 Day

要记牢就要过度记忆

小玲背课文很快，一篇文章别人一半还没有背下来，她已经背会了。但是她忘得也快，每次考试的时候，她总会在识记类的题目上丢分，这让老师和同学很不解，老师经过询问她才发现，她没有进行重复的过度记忆的习惯。

有些知识点，我们明明已经记住了，但是老师抽查背诵的时候，由于紧张又忘记了，这就是记忆的效果不好，并不能说真正记住了。就像小玲，背得快，忘得也很快，就是没有达到最佳记忆效果。如何才能达到最佳记忆效果呢？过度记忆法可以帮助我们解决这个问题。那么，什么叫过度记忆法呢？简单说，就是在刚好记住之后，再多背几遍，以达到最佳的记忆效果。

德国心理学家艾宾浩斯做过“过度记忆”实验。他发现对同样的材料进行记忆，过度记忆的次数与记忆的效率成正比，即过度记忆的次数越多，记忆的效果就越好。那么，这个“过度记忆的次数”有没有一个限度呢？有人做过这样的实验：让三组被试者练习用手指迷宫，第一组被试者练到恰能正确地指出迷宫为止，第二组被试者能够指出迷宫后多做 50% 的练习，第三组多做 100% 的练习。过一段时间之后对他们进行测试，结果发现多做 50% 练习的被试者，记忆效果最好，那些多做 100% 练习的被试者，记忆效果并没有显著增加。这个实验表明过度记忆的次数也不是越多越好。

另外，过度记忆也是在理解的基础上进行记忆，它要求我们对所记忆的知识进行积极的思考，抓住知识的重难点进行记忆。对于那些不重要的知识点则没有必要过度记忆，且过度记忆容易使人产生记忆疲劳，造成注意力涣散，这对记忆是不利的。

最后，过度记忆法不仅适合我们学习课本中的知识，对生活中的技能记忆也同样适用，比如，舞蹈、钢琴、画画、游泳，都可以使用过度记忆法。

高效学习法

利用零散时间进行记忆

利用零散的时间来进行记忆，不仅可以充分利用课余时间，还可以让我们养成勤于记忆的好习惯，那么，我们该如何利用零散时间来进行记忆呢？

首先

把要记忆的内容抄写在一个笔记本上。准备一个方便携带的笔记本，在笔记本上抄写或者夹带一些要记忆的内容，比如诗词、名言警句、好词好段等。

其次

充分利用零散时间。我们可以在等候、乘坐交通工具的时候进行背诵，也可以在睡觉之前背诵，还可以在公园游玩或躺在草坪上的时候背诵，这样日积月累，储备的知识会越来越丰富。

13 Day 理解是有效记忆的前提

小云已经花了好长时间来记忆一个抽象的知识点，但是她怎么也背不会，不是忘了这一点，就是忘了那一点，老师说她这是不理解知识点，才导致怎么也记不住。

真正的记忆，并不是机械地死记硬背，而是在理解的基础上的记忆。小云对知识点不理解，而强迫自己背记，一方面浪费了大量时间，另一方面即便最后勉强记住，也会很快忘记。尤其是一些数学的知识点，我们只有了解了它们的来龙去脉，才便于记忆。该如何运用理解记忆法来有效提高记忆力呢？

第一，对记忆内容进行初步加工。把要记忆的内容先从较大的方向进行整体的加工，借助已有的知识经验，根据知识点的特点和内在的逻辑关系，对这些零散的内容进行分析综合，将其纳入已有的知识结构。比如，要记住这组词语：桃子、菊花、铅笔、尺子、桂花、香蕉、玫瑰、橡皮、梨。通过分析观察，我们把它们分为三组，分别是水果类：桃子、香蕉、梨；鲜花类：菊花、桂花、玫瑰；文具类：铅笔、尺子、橡皮。这样我们就可以按照类别记忆，自然高效得多。

第二，要明确所要记忆知识点的特点。发掘我们所要记忆知识点的特点，我们就能够迅速、全面而牢固地记住它们。比如，我们的身份证号码共有 18 位数字，死记硬背很难记住，而我们如果了解了这 18 位数字的具体含义，则记忆起来就容易多了。身份证的 18 位数字，头两位为省份代号，第三、四位为市代号，第五、六位为县区代号，第七位至第十四位为出生年月日，最后四位是序号。这样一来，你要记住自己的身份证号码，则只需要重点记住后四位数字就可以了。

第三，要明白记忆材料的具体意思。有些知识点比较抽象难懂，读起来也不顺口，尤其是文言文，我们首先要弄明白这些字词的意思，再弄明白整篇文章的逻辑，然后再背诵。如果不明白什么意思就逐字逐句地背诵，是很难记住的。

高效学习法

理解文言文的好方法

文言文是语文学习中要求背诵的课文中最难的，而它之所以难，是因为它理解起来难度很大，我们这里介绍一下记忆文言文的有效方法。

首先

通读全文。先通读全文，对文章有个初步的认识。这个时候可以把不认识的字标记出来，然后用工具书查出字的正确读音。

其次

画出朗读的节奏，初步理解。根据文言文的意思，正确进行断句，只有断句正确，才能正确理解文章的内容。

再次

对照注释，理解句子的意思。对照注释理解文言文中难懂的词，试着把文言文译成白话文；然后再对照教辅书中的标准译文，理解文章的内在逻辑和主旨大意。

最后

熟读课文，最终达到背诵文章的目的。

14 Day

把知识点分一分类再记忆

小慧总是觉得自己脑袋笨，记不住东西，而同桌小敏记东西特别快，成绩也非常好，这是为什么呢？原来是小敏在记忆之前，喜欢把需要记忆的内容先分一分类，然后再记。

小敏仅仅是把要记的内容分一分类，记忆的效率为什么就高这么多呢？其实对知识进行分类的过程，也是记忆的过程。这些知识被分类以后，就有了某些共性，根据这些共性去记忆，就有一定的规律可循，记忆起来当然就快多了。下面，让我们看看如何用分类记忆法来记知识内容吧！

首先，从不同的角度对知识进行分类。把我们要记忆的内容罗列出来，分析这些知识的特点，按照自己的习惯，对这些知识进行分类。比如，我们要记忆这组单词：windy，bus，peach，car，train，bike，cloudy，motorbike，green，snow，orange，underground，taxi，boat，pink，jeep，ship，apple，pear，banana，lemon，mango，red，blue，white，yellow，black，sunny，rainy，storm。

就可以分为以下几类：

交通工具：bus，car，train，bike，motorbike，underground，taxi，boat，jeep，ship；

水果：apple，pear，orange，banana，peach，lemon，mango；

颜色：red，blue，white，yellow，black，green，pink；

天气：cloudy，sunny，rainy，windy，storm，snow。

其次，根据分好的类别来记忆。按照已经分好的类去记忆，这样就不会把要记忆的知识点弄混淆，记忆起来也会更加轻松。

高效学习法

一张小纸条里的记忆习惯

美国著名作家杰克·伦敦有一个好习惯，那就是他善于利用小纸条进行记忆。在他的家里，随处可见的是贴在屋内各处各种各样的小纸条。

这样的小纸条中写满了美妙的词语、生动的句子、优美的诗句等。他在睡觉之前，早上起床之后，随时默念这些小纸条上的内容。他出去散步的时候，就把这些小纸条装在口袋里，一有时间就拿出来念一念、背一背。通过这种记忆方法，他积累了大量的写作素材。

我们在学习的过程中，也可以培养这样的习惯。把要记的单词、公式、字词和诗句写在纸条上，贴在书桌上或者床头，或者装进自己的口袋，随时随地记忆，长此以往，肯定也会收获满满。

15 Day 化整为零，降低记忆的难度

看到要背这么多东西，小宁一下子就犯愁了，读一遍都花费好长时间，更别说背诵了。王老师建议他把内容拆分开，一点一点地背，效果果然好很多。

在我们学习新的知识点的时候，也会像小宁那样发愁，通常的感觉就是：这个知识点太难，我学不会。在学习完一个章节需要复习时，我们通常也会产生内容太多，不知道从何入手的感觉。这时采用化整为零的记忆方法，可以有效地解决这个问题。那么，我们该如何使用化整为零的记忆方法呢？

首先，分析拆解知识点。课文通常是以整体叙述的方式来展开知识点，尤其是语文和英语这类学科，这个时候就需要我们在熟悉了知识点之后，对其进行拆解。比如，分段、归纳中心思想、找出叙事脉络、厘清人物关系等。

其次，用图表归纳知识点。我们分析拆解的内容是零散的，没有章法，这个时候我们就需要用图表的形式把这些零碎的知识点串联起来，形成一个知识网络。

最后，对做好的知识网络进行进一步的完善。针对做好的网络图，我们要做进一步的完善，使其更加丰富。这样，我们不仅能加深对知识点的记忆，而且可以查缺补漏。

高效学习法

数字归纳记忆法

我们学习的很多知识与数字有关，这时我们就可以用数字归纳法进行记忆。比如“五岳”，指的是中岳嵩山（位于河南省登封市）、东岳泰山（位于山东省泰安市泰山区）、西岳华山（位于陕西省华阴市）、南岳衡山（位于湖南省衡阳市南岳区）、北岳恒山（位于山西省大同市浑源县）。再比如“四大洋七大洲”，其中“四大洋”分别是太平洋、大西洋、印度洋、北冰洋，“七大洲”是欧洲、亚洲、非洲、大洋洲、南极洲、北美洲、南美洲。这些数字会使记忆更全面，不会漏掉某个知识点。

16 Day 五步法让背课文变得很轻松

盼盼背诵英语课文的速度很快，其他同学刚达到熟读，她就已经能背诵了，老师让她把自己的记忆方法介绍给大家。原来盼盼是用五步法背诵英语课文的。

学习英语，培养语感很重要，而培养语感的最佳方法就是背课文，但是不讲究方法盲目地背，既浪费时间，效果也差。采用五步法，能让你快速背熟一篇英语课文。下面我们就来看一看如何用五步法背诵英语课文。

第一步，听课文录音。课文录音都是由专业的播音人员朗读的，发音和语速都很标准，听课文录音能纠正我们发音不准确的问题，为我们朗读时的语速快慢提供一个参考的标准。在听第一遍的时候，我们可以专注于语速和整篇文章的大概意思；第二遍我们要重点听难的英语单词的发音，并尝试跟随朗读。

第二步，大声朗读课文。通过听课文录音，我们对课文内容已经有了一个大致的了解，然后就可以大声朗读课文了。大声朗读可以加强我们对课文的记忆，并培养语感。多读几遍，就能达到流利的程度。

第三步，回忆课文内容。读熟课文之后，我们可以对文中的内容进行分析，找出文中所描述事物的规律。比如，课文所描写的主要内容是什么，是按照什么顺序描写的，等等。把这些都理清楚了，再尝试把英文翻译成中文，这样我们就能基本上掌握课文的内容了。

第四步，再次朗读课文。这次朗读的重点是把上一步理解的内容理顺，看看我们理解的内容对不对，写作的顺序是否如此，以及把英文翻译成中文的准确度等。尽量把之前遗留的问题都在这一步消灭掉。

第五步，尝试背诵全文。朗读得比较熟练之后，我们就可以尝试着背诵了。如果课文比较长，我们可以分段背诵，把各小段都背熟了之后再串起来。另外，在背诵的过程中，记不清的部分要翻书多读几遍，慢慢就能熟练背诵了。

高效学习法

一口气背诵法

背诵的方法有很多，这次我们要介绍的是一口气背诵法。一口气背诵法能集中我们的注意力，调动我们的大脑。一口气背诵法适合背诵那些篇幅短小的课文，比如诗词、文言文以及篇幅较短的记叙文等。那么，我们该如何练习一口气背诵法呢？

首先

以尽可能快的语速读句子，读熟练之后再尝试背诵。

其次

尽量一口气把要背诵的内容背完。这样反复进行，直到彻底背诵完毕。

最后

背诵完之后，对照课文再默读一遍，检查有没有背错，如有错误，及时订正，保证所背内容的准确性。

第3章

这样记忆很形象

17 Day 颜色标注法，让记忆更有层次感

小敏的书与其他同学的书不同，她的书是五颜六色的，被各种颜色和符号勾画得满满的，她复习的时候用这种书，效果很好。

我们平时读的书都是白纸黑字，很难一眼就提取出重要信息。像小敏这样，把书中的文字用不同的方式标记，就能让人对重难点内容一目了然。下面我们就来看一看，如何用不同的颜色标记知识点，从而提高记忆效率。

首先，选用鲜艳的颜色进行标注。课本的白纸黑字对视神经的刺激较弱，不容易形成深刻印象，选用鲜红的颜色点、画、圈、注知识要点，使其更加突出醒目，能给视神经造成强烈刺激，进而在大脑中形成深刻印象，以达到加强记忆的目的。

其次，对不同的知识点可采用不同的点、画、圈、注来进行标记。比如，点可以是实心的点，也可以是空心的圈；线条可以是单线、双线，也可以是波浪线等，这样层次更加分明，让原来扁平的视觉效果变得更加立体。

最后，在不同的复习阶段采用不同的标注方式。比如，在预习阶段我们可以用红色进行标记，在复习阶段我们则可以用蓝色进行标记，这样预习中没有掌握的内容在复习阶段就可以重点梳理。

高效学习法

课文插图记忆法

我们学习的课文中都配上了精美的插图，这些图并不是随随便便配上去的，它们与课文有着十分密切的联系，通过插图我们可以想象课文中所讲述的内容。所以仔细观察记忆课文中的图片，有助于我们记忆知识，这就是形象记忆。形象记忆就是利用整体或局部的形状，联想到某种含义，加深印象，从而达到强化记忆的目的。

18 Day

画表格让记忆更清晰

小林学习的时候总爱画一些小表格。邻桌小聪很不解，就问画这些小格子有什么用呢？这些格子中的知识点不都在书中吗？他认为画这些小表格没有必要。

小聪觉得小林画那些表格是多此一举，这种看法是错误的。表格是我们归纳记忆知识的好帮手。我们可以把许多知识列成表格，这样，它们看上去就一目了然了，如九九乘法口诀表、单词表等。另外，我们也可以用表格的方式，以横行和竖列清晰地排列出需要记忆的内容。

如果我们经常把一些字词记错，可以做下面这样的表格。

错误词语	正确词语
分辩	分辨
恢谐	诙谐
渲泄	宣泄
宣染	渲染
延申	延伸
一如继往	一如既往
白壁微瑕	白璧微瑕
英雄倍出	英雄辈出
半途而费	半途而废

学习数学的时候，我们可以把相似的数学知识点用表格的形式表现出来。

	长方形	正方形
周长公式	周长=（长+宽）×2	周长=边长×4
面积公式	面积=长×宽	面积=边长×边长

将需要记忆的内容制成表格，记忆起来就很清晰。我们将书本中零散的知识点归纳为一个又一个表格，记住这些表格，就相当于记住了书本中的大部分内容，既节省了时间，又提高了记忆效率。

高效学习法

动手画画记得深

比起抽象记忆，形象记忆更令人印象深刻，把抽象的知识具体化，是我们提高记忆效率的一个好方法。其中，通过画画来记忆课文内容就是一个很好的途径。那么，我们该如何运用画画的方法记忆课文呢？

下面以背诵课文《荷叶圆圆》为例：

荷叶圆圆的，绿绿的。

小水珠说：“荷叶是我的摇篮。”小水珠躺在荷叶上，眨着亮晶晶的眼睛。

小蜻蜓说：“荷叶是我的停机坪。”小蜻蜓立在荷叶上，展开透明的翅膀。

小青蛙说：“荷叶是我的歌台。”小青蛙蹲在荷叶上，呱呱地放声歌唱。

小鱼儿说：“荷叶是我的凉伞。”小鱼儿在荷叶下笑嘻嘻地游来游去，捧起一朵朵很美很美的水花。

根据课文内容，我们就可以画一个圆圆的荷叶，并涂上绿色。然后在荷叶上画出小水珠、小蜻蜓、小青蛙，在荷叶下画出小鱼儿。不要求画得很美，能勾勒出形象即可。先对着图画朗读几遍课文，等读熟练之后，合上书，对着图画背诵，实在想不起来再翻开书查看，这样很快就能把这篇课文背下来了。

19 Day 让记忆跟着示意图走

妞妞的科学成绩不理想，她觉得这门课的知识点太多，经常不是记混就是记错，有的甚至根本记不起来。

科学是小学阶段要学习的一门重要科目，妞妞之所以觉得这门课比较难，主要是因为科学课包含了物理、化学、地理、生物等众多学科的众多知识点，而且知识点间的关联性不大，要想把这些知识点按照详略、主次记下来，难度确实有点大。

示意图法可以理顺知识脉络，把复杂的知识点简单化。在记忆的时候，根据示意图的提示，可以完整地把知识点记忆下来，多重复几次，就能在不借助示意图的情况下随心所欲地运用知识了。那么，具体我们应该如何用示意图法记忆知识点呢？

一是理解所学知识点。在课堂上认真听讲，认真做笔记，遇到不懂的知识点要问老师或者同学，把知识点彻底弄懂。

二是画出合理的示意图。根据课堂笔记画出示意图，示意图可以针对整个章节，也可以针对章节中的一个知识点。比如，在学习植物相关知识点的时候，关于种子的结构与作用，以及花的结构与作用，都可以通过示意图的方法来记忆。

三是给图上色。给示意图涂上不同的颜色，来反映内容的重要程度，或者需要特别注意的、易混淆的地方。给图形上色可以增强我们的记忆。

四是不同的学习阶段，画不同的示意图。复习小节的时候，可以画具体知识点的示意图，尽量做到细致；在复习整个章节或者进行期中、期末复习的时候，示意图可以相对简单点，但要做到全面。

高效学习法

画出高质量的示意图

示意图主要指一种简化、模式化的图形，它通常是对真实事物的抽象、概括或再现，利用示意图可以帮助我们提高记忆的效率，也可以帮助我们加深对知识点的理解。要想制作出高质量的示意图，应该注意以下几点。

第一 简洁明了。示意图只需要表达关键信息，不需要包含过多的细节和冗余内容。

第二 逻辑清晰。示意图要能清晰表达要记忆的内容，在看了示意图之后，能够知道它所代表的含义。

第三 支持信息。示意图不仅是图形的演示，而且支持文字信息。可以使用标注、注释等方式来丰富示意图的表达和使用。

20 Day 善于观察，让记忆更丰富

露露很善于观察，总能从一些细节中发现新问题，所以她不仅记得快，而且记得准确。长期养成的观察习惯，还使她积累了大量的写作素材，所以她的作文也写得非常好。

我们的大脑容易记住形象具体的东西，很难记住抽象的东西。所以在记忆时利用观察法，能帮助我们加强记忆。露露善于观察，勤于观察，所以她对所要背的知识点也有更深刻的记忆。那么，我们应该如何观察才能增强自己的记忆效果呢？

一是我们可以按照一定的顺序进行观察。无论观察具体的物体还是景点，一般都有一定的顺序，常见的观察顺序有从局部到整体、从上到下、从左到右、从外到内等。

二是我们可以对比着进行观察。在观察两种或者两种以上事物的时候就可以对比着观察，找出所观察事物的相同点和不同点。这种方法可以让我们的注意力更加集中，收到的效果也会更加显著。比如，在学习正方形和长方形的时候，就可以仔细观察它们的边长和角度有哪些不同之处和相同之处。

三是用多种感觉器官观察。善于观察的人擅长利用多种感官进行观察，如用眼睛看、耳朵听、嘴巴尝、鼻子嗅等。在这个过程中，观察得越认真、越仔细、越全面，记忆效果就越好。所以，我们在观察事物、认识事物的具体实践中，不妨多去看看、去听听、去摸摸、去闻闻、去尝尝等，这对提高观察能力、强化记忆有非常好的实际效果。

四是长期坚持。要养成善于观察的习惯，并非朝夕之功，而是一个长期训练的结果。在观察的时候，有意识地去记忆和思考，达到理解的程度，那么记住的时间也会更久。

五是功夫在平时。观察可以在学习中发生，也可以在日常生活中发生。我们没有必要刻意抽出时间去观察，只要平时多留心，观察自然而然就发生了。比如，我们在出去游玩时，就可以观察一下青山、水流、草地等，并尝试着进行描绘。长久下去，记忆力一定会大大提高。

高效学习法

写好观察日记

想要提高观察能力，写观察日记是一个很不错的方法。那么，我们该如何写好观察日记呢？

首先，养成观察的好习惯。

兴趣是最好的老师，没有兴趣作为动力，写观察日记是很难坚持下去的，所以我们要观察一些感兴趣的事物。当你对某事物产生兴趣，才会想去全面了解，深入观察，这样写出来的文章才会生动而真实。

其次，采取合理的观察方法。

不同的事物有不同的特点，我们观察事物的方法也应该多种多样。如果观察的事物是静态的，可以按照从整体到局部的顺序来观察；如果观察的事物是运动的，那么可以按照空间的变换顺序进行观察，也可以按时间顺序进行观察。

最后，观察要全面。

我们在观察事物的时候，不仅要用眼睛去看，而且要用耳朵去听，用鼻子去闻，有时候甚至要用口去尝，这样写出来的观察日记才能更有立体感，别人读了我们的观察日记也才能产生共鸣。

21 Day 像"过电影"一样记忆

贝贝的读书声很小，除了晨读的时间，很少看到她背书，但是她对知识点掌握得十分牢固，这是因为她用"过电影"的方法来记忆。

学习其实可以随时随地进行，不一定非要在书桌前苦读。如果像贝贝那样用"过电影"的记忆方法，则在睡觉前、在起床后、在公交车上……都可以进行记忆。"过电影"记忆方法就是把以前所学的知识像放映电影一样，在脑海里回忆一遍，主要起到复习巩固的作用，它的具体操作方法如下。

首先，把书本合上，把老师白天教的内容和一些重难点知识，按照一定的顺序，一点一点认真地回忆一下，针对那些回忆不起来的知识点，可以翻开书本再看一下。

其次，“过电影”记忆方法形式多样，常见的形式有以下几种。

一是“默读法”。对于新学的或者自己仍不太熟悉的知识点，我们可以小声地把要记忆的内容读出来，这样可以集中注意力，提高记忆的准确性。

二是“默想法”。因为这种方法不需要读出声，所以回忆起知识点来速度会更快一点。用“默想法”可以快速记住公式、概念等，记忆文字描述的场景，容易在脑海中形成画面，提高我们的形象思维能力。

三是“时快时慢法”。对于那些熟悉的知识点，我们已经能区分出哪些知识点重要，哪些知识点不重要。对于不重要的知识点，我们可以快速回忆，而对于重要的知识点，则可以放慢回忆的速度。

高效学习法

提纲式默想记忆法

你在复习记忆的时候，是不是经常出现看着课本的时候好像什么都懂，抛开课本去做题，很多题都答不上来的情况？那么，我们该如何解决这个问题呢？提纲式默想记忆法可以有效解决这个问题。所谓提纲式默想记忆法，就是把学习过的知识要点整理成提纲的形式，跟着提纲来复习知识点，达到快速、方便、有效、长期记住知识的目的。提纲式默想记忆法可分为以下几个步骤。

首先，把知识点整理成提纲。

把要记忆的内容列成提纲，层级要分明，重点要突出，逻辑要合理，层级一般为 2~3 级即可。

其次，根据提纲背知识。

根据列好的提纲默想，能记起的知识点先不要看书，记不住或者记不清的可以翻开书看看，直到全部记住。

最后，把提纲也记住。

把知识提纲也背下来，不用再对着课本和纸上列好的大纲去记忆，只需要在脑海中按照记好的大纲不断重复记忆即可。

我的 21 天学习体验

经过这 21 天的学习，你一定有不少收获吧！把自己的学习体验在下面写一写，看看自己有哪些收获、哪些不足吧！

我的收获

我的不足

小学生

21天高效学习法

唤醒孩子的学习脑

王轩 主编

应对考试好方法

黑龙江科学技术出版社
HEILONGJIANG SCIENCE AND TECHNOLOGY PRESS

图书在版编目（C I P）数据

小学生高效学习法 ： 21 天唤醒孩子的学习脑 . 应对考试好方法 / 王轩主编 . -- 哈尔滨 ： 黑龙江科学技术出版社， 2024.3
ISBN 978-7-5719-2253-5

Ⅰ. ①小… Ⅱ. ①王… Ⅲ. ①小学生－学习方法 Ⅳ. ①G624

中国国家版本馆 CIP 数据核字（2024）第 058216 号

小学生高效学习法——21 天唤醒孩子的学习脑 .
应对考试好方法
XIAOXUESHENG GAOXIAO XUEXIFA —— 21 TIAN HUANXING HAIZI DE XUEXI NAO.
YINGDUI KAOSHI HAO FANGFA

王轩　主编

项目总监　薛方闻
责任编辑　李　聪
插　　画　文贤阁
排　　版　文贤阁
出　　版　黑龙江科学技术出版社
　　　　　地址：哈尔滨市南岗区公安街 70-2 号　邮编：150007
　　　　　电话：（0451）53642106　传真：（0451）53642143
　　　　　网址：www.lkcbs.cn
发　　行　新华书店
印　　刷　天津泰宇印务有限公司
开　　本　710 mm×1000 mm 1/16
印　　张　4
字　　数　32 千字
版　　次　2024 年 3 月第 1 版
印　　次　2024 年 3 月第 1 次印刷
书　　号　ISBN 978-7-5719-2253-5
定　　价　128.00 元（全 6 册）

前言

不知道怎么预习，语文生字这边记了那边忘记，不知道怎么审数学题，英语单词总也记不牢……这样的问题你是不是也经常遇到？我们到底是在哪个环节出了问题呢？

在同一个教室里，面对同样的老师，花费相同的时间，但是有的同学学习好、进步快，这是为什么呢？

难道是因为自己太笨？其实，没有天生的笨学生，只有笨的学习方法。只要掌握高效学习法，你也能轻松提高学习成绩。

为了让大家全面系统地掌握高效学习法，我们编写了这套《小学生高效学习法——21 天唤醒孩子的学习脑》，书中结合孩子在学习过程中遇到的语文、数学、英语、作文、记忆力和考试等问题，先以小场景引出问题，再有针对性地介绍一些实用、高效的学习方法，最后再给出具体的学习技巧。不论你是在学习新知识的过程中，还是在巩固复习的阶段；不论你是学习具体的学科知识，还是提高自身的学习能力，本套书都能给你帮助，激发你的学习兴趣，帮你提高学习效率。

希望这套书能让大家树立正确的学习观念，全面掌握学习学科知识的方法，最终养成高效学习的习惯。希望大家在学习的过程中，真正把高效学习法贯穿始终，不断取得进步，从此学习更轻松、更高效，学习成绩越来越好。

目录

第 1 章　考前来给身心解解压

第 2 章　考前冲刺不放松

第 3 章　掌握考试小技巧

第1章

考前来给身心解解压

1 Day 合理安排饮食

小丘平时很挑食，他不喜欢吃素食，只喜欢吃肉。在考试当天，小丘突然肚子疼，老师赶紧带他去医院。医生说，这是因为小丘一直挑食导致的胃痛。

挑食可不是好习惯，如果长期挑食，就会像小丘一样，导致身体不适，从而影响身体健康。在考试期间，我们要特别注意饮食，考试前合理的饮食可以为大脑补充充足的营养，对提高记忆力有很大的帮助。考前饮食安排需要遵循以下几个原则。

第一，均衡饮食。确保每餐都包含各类营养物质，如蛋白质、碳水化合物、脂肪、维生素和矿物质，以保证身体各方面的需要。

第二，营养丰富。食物必须新鲜、清淡、可口，而且要易消化、易吸收。考试前不宜暴饮暴食，否则很可能会给肠胃造成负担，导致肠胃不舒服，影响考试的发挥。我们可以在饭后吃一些水果，这样有助于消化食物和保养肠胃。

第三，适量补充蛋白质。蛋白质对大脑发育有重要作用。适当摄入一些富含优质蛋白质的食物，如鱼、鸡蛋、豆类等，有助于提高专注力和记忆力。

每个人的身体状况和口味各不相同，所以要根据个人情况合理安排饮食。切记不要为了补充营养而吃一些以前从来没有吃过的食物，如海鲜、杧果、菠萝等，以免出现过敏反应。

在考试前，合理安排饮食只是考前准备的一个方面，还应保证充足的睡眠和良好的心理状态，这样才能够达到最佳的应考状态。

高效学习法

饮食注意事项

考试来临之际，我们一般会出现紧张情绪，有时会忽略一些饮食注意事项，有时不知道该如何补充营养，这时我们可以和爸爸妈妈一起列一个考前饮食清单。下面是一名小学四年级学生制作的饮食清单，同学们可以参照做起来。

第一 考前精神紧张，肠胃十分敏感，不要喝凉水。

第二 我的肠胃不好，要以清淡的饮食为主，多吃蔬菜、水果。

第三 适当吃富含蛋白质的食物，比如鸡蛋、牛奶、瘦肉、鱼、虾，提高免疫力。

第四 考试期间，大脑需要消耗较多的能量，可以吃一些能量丰富的食物，如全麦面包、牛奶等。

第五 考前要适量喝水，保持合理的水分摄入。

2 Day 保持良好的睡眠

距离期末考试还有10天，小森为了期末考试能够考出好成绩，几乎天天学习到凌晨两点多，考试前一晚他还熬了夜。考试成绩出来后，小森的成绩很不理想。

考前熬夜正是使小森发挥不好的主要原因。熬夜并不能显著提高学习成绩，反而会带来许多负面作用。

熬夜会不知不觉地损害我们的身体健康。我们正处于身体发育期，如果长期熬夜，会降低记忆力，损害大脑功能，还会影响视力，容易出现眼睛干涩 、疼痛等症状，这些都会给学习造成困扰。

挤占睡眠时间拼命学习是得不偿失的，我们每天的作息时间应规律，不熬夜，保证充足睡眠，学习效果才能得到提升。

在考试前的一段时间，我们除了努力复习功课，还应该保证每天有 8 小时的睡眠。充足的睡眠可以提高记忆力，让我们更容易理解和记住学习的知识点；有利于提高专注力，让我们在考试时冷静思考；还可以改善情绪，缓解紧张和焦虑等。

只有保持高效率的复习和充足的睡眠，才能在考试中取得好成绩。

高效学习法

深呼吸法

考试前，不少同学都会出现睡眠不足、睡眠质量不高等问题，我们可以试试深呼吸法。

当我们无法入睡时，可以做几次深呼吸，速度一定要慢，确保吸入的空气充足，并在吸入后稍微停顿片刻，然后缓慢地呼气。反复多次以后，就会使身体放松，继而产生睡意。

3 Day 适当运动，放松身心

马上要期末考试了，小全积极地投入复习中。到了学校做操时间，他积极参加，很快就消除了疲劳，又投入紧张的复习中。

学校的课间操就是有氧运动，我们在考试前进行有氧运动，不仅可以促进血液循环、提高肺活量，还能改善备考状态，有助于消除疲劳、改善心理状态和调节情绪，使复习更加高效。

考试前我们会面临很大的压力。课间休息时，有些同学坐在椅子上一动不动，这对我们的学习和身体健康都十分不利。我们应该劳逸结合，比如和同学打羽毛球、踢毽子等，这样不仅可以锻炼肌肉和骨骼，而且还能释放学习压力，使自己更有活力。

考前运动方式还要因人而异，每个人的实际情况不同，应该选择适合自己的运动方式。当然，运动也要有度，在备考时千万不可过度放松，忽略了复习。

高效学习法

拉伸运动

我们如果长时间保持固定坐姿的话，头颈、肩部、腰部会比较容易疲劳，可通过肌肉拉伸运动来调节。

1 肩部拉伸

身体站直，抬头、挺胸、收腹，双臂伸直放在腰前，十指紧扣，深呼吸同时手向上举，两手臂举过头顶，尽力将手臂往上提，保持10秒，然后慢慢放下手臂。

2 颈两侧拉伸

身体坐直或站直，将右手置于后头顶附近，将头向右侧下拉，使下巴尽可能靠近右肩。保持10~15秒，然后慢慢松手，头回到直立的位置。

4 Day 树立正确的考试观

期中考试成绩出来了，小力考砸了，他心情不好，认为自己拖了全班的后腿，辜负了老师的期望。

我们作为学生会经常面对各种考试，有些同学可能会陷入焦虑、恐惧、迷茫等负面情绪中，甚至影响考试发挥。所以，我们要对考试有一个正确的认识。

第一，不以成绩论英雄。成绩只是反映学习状况的一个指标，不能代表一切。我们应该明白，考试只是对所学知识的检验，目的是查缺补漏；成绩只能证明前段时间学习的效果，并不能决定未来的发展。

第二，正确看待考试分数。优异的成绩可以让我们感到自豪，但并非每一次考试都能取得理想的结果。我们应该明白，失败是成功的一部分，与其关注排名和分数，还不如多关注个人的成长和进步。我们要从考试中认识到自身的不足，并鼓励自己不断进步。

第三，以平常心看待考试。在考试前，我们可能会感到有些紧张，这是正常的心理反应。然而，越是面对重要的考试，就越需要保持良好的心态。无论是小考还是大考，都是一次心态的较量。如果能以平常心面对考试，就更容易发挥出较高的水平。

总之，不要把考试结果看得太重，考试只是一种评估方式，它并不能完全反映我们的能力和价值。无论考试结果如何，我们都应该珍惜自己的努力和付出，并继续努力前行。

只要树立正确的考试观，合理安排复习计划，掌握科学有效的学习方法，保持积极的心态，就能更好地应对考试并取得好成绩。

高效学习法

自我反省法

无论考试成绩是令人满意还是不尽如人意，我们都要从中吸取有益的经验，并反省自己在学习上的不足。自我反省是认识自己的重要方式之一，只有通过反省不断地认识自己的缺点，并不断改进，才能够有更大的收获。我们可以从以下几个方面进行自我反省。

1. 我对这次考试满意吗？
2. 我喜欢现在的自己吗？
3. 今天我的情绪怎么样？
4. 这次考试我学到了什么？
5. 今天我最大的感悟是什么？
6. 明天我的规划是什么？

5 Day 消除考前焦虑情绪

小颖最近非常努力地备考，可她仍然很紧张。到了考试那一天，小颖坐在考场上心想：要是考不好怎么办？考不好老师会不会批评我呢？

我们在考试前感到焦虑的情况，常被称为考试怯场。表现为焦虑不安，大脑变空白，不知道该怎么办，答题的时候手足无措，难以集中精力，甚至影响到我们正常的发挥。过度的焦虑可能会给我们带来心理压力和负面情绪，甚至影响我们的心理健康。要想消除焦虑情绪，我们可以从以下几个方面入手。

第一，面对焦虑要勇于接受。在考试前出现焦虑的情绪是非常正常的，如果没有一点紧张感反而不正常。我们应接受这种情绪，努力投入复习之中，尽量不要去想令我们焦虑的事。

第二，适当地进行自我调整。如果我们出现了焦虑情绪，要学会自我调节，可以通过散步、听音乐、与他人谈心等方式转移注意力，调整和控制情绪，从而减轻焦虑。

高效学习法

自我暗示法

自我暗示法是一种心理技巧，就是运用积极、肯定的语言来增强自己的信心。例如，“我能够成功”“我有能力克服困难”“这次要干得漂亮”等。然而，自我暗示并非单凭口头说出即可产生作用，它需要与实际行动相结合。

6 Day

减轻压力，轻装上阵

“距离考试没几天了，我该怎么复习呢？况且我还有许多没有掌握的知识，压力使我快喘不过气了，谁来救救我呀？”华华一个人嘀咕道。

考试前，我们都会感到压力。压力的来源有很多，比如，制定过高的目标、考试内容掌握得不够牢固、爸爸妈妈过高的期望、担心自己无法在竞争中脱颖而出。另外，一些外部因素，如考试环境、考场氛围等，也会给我们带来压力。那么，该如何缓解压力呢？

第一，制定合理的目标。过高的目标只会增加考试的压力。我们应该使目标具体而明确，把大目标分解为小目标，

逐步实现。这样不仅能更好地管理时间，完成学习任务，还能够提升自信心。

第二，充分备考。复习期间我们要做到充分、完备，不论是课堂笔记、课本上的例题还是试卷，都应该认真复习。通过合理规划时间，每天坚持积累，进而增强对考试的信心。

第三，正确看待竞争。学习上的竞争是普遍存在的，它可以激发我们的学习动力，提高我们的积极性和主动性，促使同学之间形成良好的学习氛围。我们应正确看待这种竞争，用积极的心态迎接竞争。

第四，利用外部因素缓解压力。在考试前，我们可以选择一个舒适、安静的地方进行复习，减少干扰，提高效率。同时，我们可以通过参加模拟考试来适应考试环境和考场氛围，增加自己的信心。

高效学习法

解压小妙招

缓解压力的方法有很多，下面给大家介绍两种简单好用的方法，大家一起来试试吧！

1 适度运动是个好方法

我们可以选择散步、踢足球、游泳等运动。切忌，不要过度运动哟！否则可能会导致身体透支，起到相反的效果。

2 益智游戏是个不错的选择

我们可以尝试拼图、成语接龙、找不同等游戏。这些游戏不会消耗太多体力，随时都可以进行。尤其是成语接龙、猜谜语和脑筋急转弯等小游戏，坚持玩还能激发思维，提高解题能力呢！

第2章

考前冲刺不放松

7 Day 制订考前复习计划

还有十天就要期末考试了，大家都制订了自己的复习计划。可小强认为，老师平时已经为我们安排好了复习计划，跟着老师复习就行，何必再费劲呢？

你是不是和小强想的一样呢？老师的计划是从教的角度针对全班学生制订的，很难照顾到每个学生，而每个学生的情况是不一样的，我们应针对自己的情况，制订一个适合自己的复习计划。恰当的复习计划能够帮助我们合理安排各科的复习时间，大大提高复习的效率。制订计划时必须注意以下几点。

第一，复习计划要合理。合理的复习计划应该充分利用自己的时间资源，合理分配每天的学习时间，还要留出休息和娱乐时间，保证自己的身体和心理都处于良好的状态。

第二，要有明确的目标。在制订复习计划的过程中，我们要明确自己的学习目标，例如，数学成绩达到 90 分。如果将这些具体目标写下来，过一段时间再针对目标检查自己的学习情况，你会发现自己取得了巨大的进步。

第三，合理分配复习时间。我们要根据自己对各科知识的掌握情况和考试的重点、难点，合理分配复习时间。把精力集中于自己薄弱的部分，但也不要忽视其他内容的复习。

第四，复习计划要长短结合。复习时不能盲目，应该有一定的条理性，只有把长期、短期计划进行有机结合才能提高复习效率。

制订复习计划需要综合考虑个人情况和实际需求，合理安排复习时间。为了更好地管理时间和计划，我们需要保持良好的习惯和健康状态。

高效学习法

自我分析法

如果不知道如何制订复习计划，我们不妨先对自己的学习情况做一次综合分析。

1 现在离考试还有多长时间？

2 我的学习安排是什么？

3 哪些科目是我的强项，哪些科目是我的弱项？

4 经过努力，各个科目我能达到什么分数？

5 哪些题目是我没有掌握的？考试中经常答错哪类题目？

分析完之后，相信你会对自己的学习情况有更清楚的认识。现在来制订复习计划吧！

8 Day 查缺补漏，夯实基础

小何英语基础差，考试前却不知道如何查缺补漏。老师告诉他：“记的单词少就好比修建房屋的砖块少，这样修建起来的房屋，它的结构就不牢固。所以想要提高英语成绩，一定要注重单词的积累。”

考试即将来临之际，时间非常紧迫，我们应该充分利用这宝贵的时间，将注意力放在自己薄弱的领域，整理相关知识，查缺补漏，这是考前复习的重点。如何做到查缺补漏呢？

第一，找出漏洞和缺口。找出自己的漏洞和缺口是查缺补漏的关键所在。漏洞和缺口该怎么找呢？一是利用好错题本，错题本上记录着我们曾经做错的题目；二是回顾课本内容，一定要留意老师在课堂上讲解的重点和难点部分。

第二，逐个解决漏洞和缺口。我们既然找到了自己不足的地方，那么就要逐个解决它们。我们要认真分析错题出错的原因，有效地进行巩固。对于自己不熟练的，如名词单复数变化等，就要有针对性地做一些习题；对于自己记忆模糊的，如介词的分类等，要加强理解和记忆。

高效学习法

模拟考试法

我们可以采用模拟考试法来找到自己的漏洞和缺口。

第一：在规定的时间内做完一张试卷。可以提前定好闹钟。

第二：在解题时，我们要像考试那样聚精会神，到规定的时间交卷。

第三：做完之后，自己判卷，其中做错的、不会做的，通常就是我们的漏洞和缺口。

9 Day

分科复习，把握重点

在考试复习期间，小杰总是手忙脚乱的，不知道该如何复习。看到其他同学复习数学，他也跟着复习数学；看到人家背单词，他也跟着背。结果复习了半天，小杰都不知道在复习什么。

我们有时也会像小杰一样，复习时手足无措，不知道从何下手。考试前各科该怎么复习呢？

语文。语文重在平时的积累。一方面要多积累好词好句、名人名言、名人典故等，将一些好的素材整理到摘抄本上，平时经常翻看，考试前也浏览一下加深记忆，以便在考场上想出好的文章素材；另一方面就是认真学习知识点，对各类字词该读的读、该背的背，需要积累的东西一定要背下来。

还有一些重点的古诗，要做到能熟练默写。

数学。复习阶段可以做一些简单的题或者看课本上的例题，千万不要搞题海战术，这样只会增加压力。书上的数学公式一定要记牢，考试中一定会用到。我们还要正确对待错题本，加强对以往错题的研究，找准错误的原因，从而对症下药，使犯过的错误不再重犯。

英语。考试前我们要背一两篇范文，也可以背一些通用的句子，主要用在英语作文上。平时还要背单词，丰富词汇量。还要注重一些单词的用法，如“that”“this”“some”“any”以及单数变复数等，对于这些单词要进行总结并牢记。

以上是一些常用的复习方法，具体实施时还要根据个人情况来进行调整。重要的是坚持复习计划，合理安排时间，多加练习和总结，我们一定可以取得优异的成绩。

高效学习法

学习高效期

生理学家研究发现，大脑在一天中有四个时间段最为清醒，这也是学习的高效期，如果合理利用，可以轻松自如地掌握、消化和巩固知识。

1 清晨起床之时

清晨起床之时是人一天中头脑最清醒的时刻，适合用来学习一些难记忆但必须记忆的知识，比如英语单词、数学公式、古诗等。

2 上午 8 点到 10 点

上午 8 点到 10 点是人精力最充沛的时候，适合完成需要集中注意力的学习任务。可以安排一些需要深入理解和记忆的学习任务、进行有效的思维训练、解决难题或者进行专注力培养的练习。

3 下午 6 点到 8 点

下午 6 点到 8 点是用脑的最佳时刻，可以回顾当天学习的内容，做一些练习题或者整理笔记。

4 入睡前半小时

在入睡前的一段时间，身心放松，这段时间适合回顾当天所学的知识。睡前复习强度不宜过高，不能影响睡眠。

10 Day

牢牢抓住基础知识

小飞经常在考试中犯一些低级错误，有时因为记错了数学公式导致算错一道大题，有时因为英语单词没记住导致单词书写错误。老师提醒小飞一定要把基础知识掌握牢固。

在备考过程中，我们一定要把握住基础知识。只有把基础打牢了，我们才能快速地答题，并有效地避免不必要的失分。如何才能把握基础知识呢？

第一，回归课本。每当考试来临前，我们手里就会有很多复习资料，有从网上打印出来的，还有其他各种辅助教材……复习资料虽然很多，但课本是最权威的，其他复习资料都是从课本中衍生出来的，所以考试前，我们要回归课本。

语文课文中的名句、古诗词、生字词都是重要内容，数学课本中的公式和原理也是数学考试的关键，这些重点一定要牢记。

第二，注重理解。不管是什么学科，都要对知识进行理解记忆，尤其是基础知识。如果只是死记硬背，那么学到的知识很难被消化和吸收，容易遗忘，也难以实际运用。只有深刻理解知识，才能牢固地掌握，并能够在实践中应用。

第三，寻求规律。基础知识的复习其实很简单，因为很多知识点都有一定的规律可循，在复习的过程中，我们要寻找这些规律，并利用这些规律来掌握相关的知识。只有掌握了基础知识的学习方法，领悟了基本的规律，我们才能掌握更多的知识，我们的复习才会更加高效。

高效学习法

根据目录回想法

课本都有一个知识体系，就像一栋建筑物的结构一样，我们可以通过目录的层次结构来将它细化。当我们复习时，可以先浏览课本的目录，然后在脑海中搭建起整本书的基本框架结构，逐章逐节地进行复习。具体的操作方法如下。

1 先回想课本的目录，并尝试默写一下

要注意目录的层次结构，从第一层目录开始记，弄清楚全书分为几章。然后背诵第二层目录，比如第一章下面包括哪些小节。如果回忆不起来，可以翻开课本查看，直到能够将课本上的目录完整地默写出来。

2 写主要知识点

掌握目录后，可以翻开书本，将每节中的主要知识点写在纸上，并按照一定的顺序排序，形成清晰的知识脉络，接下来就可以背诵了。

11 Day

重视笔记，学习事半功倍

萍萍平时没有整理笔记的习惯，她的笔记很乱，有时翻开笔记找知识点，半天都找不到。

俗话说：“好记性不如烂笔头。”这句话说明了笔记的重要性。我们在复习的过程中，复习笔记是非常重要的一步。笔记不仅可以帮助我们回顾已学内容，还能够帮助我们加深对知识的理解。记笔记只是复习的一种手段，真正的目的是巩固知识。因此，做完笔记并不等于完成任务，还要花时间来整理、补充和回顾笔记内容。只有经过这些步骤，才能取得更好的效果。那么，如何才能高效地整理笔记呢？

第一，要有条理地整理笔记。笔记的整理不仅仅是简单地抄写或摘录内容，更要注重逻辑。可以根据不同学科，对知识点进行分组，并在每个分组中添加关键概念、例题、解析等内容。这样可以使整理出的笔记更具有层次感，有助于后续的复习和记忆。

第二，要及时补充和更新笔记。在复习的过程中，可能会发现笔记中存在一些遗漏或错误，我们要及时进行补充和修正。另外，对于新总结和思考出来的知识点也要及时添加到笔记中，最好在知识点旁写下这个知识点出现在课本多少页，当我们再次翻看笔记时就会清晰明了。

第三，突出重点知识。在整理笔记时，可以使用不同颜色的笔来标注和突出重点知识，这样可以更快地找到重点内容，提高复习效率。

第四，要结合其他复习方式进行综合复习。虽然整理笔记是一种重要的复习方法，但并不是唯一的。在整理完笔记后，还应做习题进行巩固，进一步加深对知识的理解和记忆。

高效学习法

记笔记的方法

有些同学记笔记存在脏、乱、差的问题，这是因为没有掌握记笔记的方法。有了好方法，才能写出干净整洁的笔记，才能使我们的复习更有效果。下面介绍三种记笔记的方法。

1 分页笔记法

在笔记本页面中间画一条线，分成左右两栏。左边一栏记录较大的知识点，右边一栏记录次一级的知识点。复习时可以看着左边的知识点，回忆右边的内容。

2 思维导图笔记法

该方法是用绘制的方式记录笔记，而不是采用线性文字的形式。在纸的中央写本章的主题，围绕主题写下相关的知识点，再由中心主题扩散分支，画出导图的枝干并填上分支主题的内容，以及子主题的内容，这样思维导图笔记就完成了。

3 康奈尔笔记法

康奈尔笔记法是把一页纸分成三部分：左边四分之一的空间为线索栏，用来归纳右边的内容，写一些提纲。下方五分之一左右的空间为总结栏，总结这页记录的内容。右上最大的空间为草稿栏，就是我们平时记笔记的地方。

12 Day

考前认真过一遍例题

念念每天放学后都会做大量的课外习题，她觉得做课外题可以更好地掌握课本上的知识。一段时间的努力后，她的成绩却不如做题少的同学。老师告诉她：“你忽略了课本例题的作用。”

数学考试中的题目都是以课本为基础的，所以在平时做题时，一定要将课本上的例题弄明白。在把例题做熟练的基础上，再进行课外习题的训练，如此才能达到事半功倍的效果，做题也会很轻松。在考试之前，我们应把课本上的例题再做一遍，具体方法如下。

第一，认真阅读课本。我们在做例题之前，需要认真阅读课本上的内容，巩固每个概念的含义，了解每个定理或公式的推导过程。

第二，熟练掌握例题。在做例题的同时，我们要深入理解解题思路和每个步骤。当我们将所有的例题做熟练之后，再做其他的题目就会有一种似曾相识的感觉，思路和方法都会很清晰，这就是例题的作用。

高效学习法

专攻弱项法

考试复习期间时间紧迫，我们没有时间复习课本上所有的例题，做例题要有目的性，应该专攻自己的弱项，这样解题能力才能提升。怎样针对自己的弱势科目下功夫呢？

第一

对待弱势科目我们要有信心，平时要重视基础知识的积累。比如，语文科目中的词语、成语、古诗词等都是考试必考的内容。

第二

做完一套题后，必须进行总结，从中发现问题。

13 Day

有选择地做课外习题

期末考试即将来临，晓晓妈妈特意去书店买了一本模拟真题。晓晓做完一套模拟真题后，觉得有点难，做错了好几道题，这严重地打击了晓晓的自信心。

在考试之前，晓晓妈妈为女儿买了一本模拟真题，其目的是帮晓晓在考试中取得好成绩。显然，晓晓妈妈的做法并没有收到预期的效果，反而打击了晓晓的自信心。因此，我们要有选择地做课外习题。

第一，根据自己的实际情况来做题。我们需要根据自己的学习情况和时间安排来选择习题。有些同学可能比较擅长数学，但对语文或英语不太自信，因此可以优先选择自己相对薄弱的科目进行练习，以提高薄弱科目的成绩。另外，在时间安排上，我们要把握好每天的学习时间，不过分追求数量，在保证质量的前提下，适量地刷一些习题即可。

第二，做往年的考试真题。在考试前，应尽量避免做课外题。因为课外题要比考试题略难一些，如果做得不好，反而会起反作用。我们可以寻求老师和爸爸妈妈的帮助，寻找一些往年的考试真题，试着做一做，一方面熟悉考试，另一方面增强我们的信心。

第三，复习曾经做错的题目。考试前，我们不需要大量地刷题，适当刷题才是正确的选择。考试前我们要保证自己曾经做错的题目不再做错，可以将错题本拿出来好好看一看，把那些错过的题目再做一遍，总结一下自己做错的原因。如果没有错题本，可以把平时做过的试卷拿出来，反复看一看，这样可以加深记忆。

高效学习法

分类符号法

做过的题不能做过就算了，要让每道题都发挥作用。我们可以采用标注符号的方法，对题目进行分类，等我们再次翻阅试卷时，一目了然。具体做法如下：

1 分析题目

做完一套试卷后，从头看一遍答案，同时分析各个题目。比如，有把握做对的题目，不用再理会；新颖的题目，可以在题目序号前面打个对勾；有陷阱的题目，可以画一个叉；那些难题，可以画个圈。

2 区别对待题目

我们复习时要对各类题目区别对待。比如，对于标圈的题目，我们需要反复思考，仔细研究解题的方法和技巧，以便日后遇到同类题目时，能够迅速找到正确的解题思路和方法；对于画叉的题目，我们一定要细心审题，不要落入出题人的陷阱。

第3章

掌握考试小技巧

14 Day 仔细审题，看清题目再做题

小欣做选择题时，只要看一眼答案，就会被某个“好的”备选答案吸引住，其余的答案往往连看都不看，结果小欣在考试中经常出错。

我们在考试中容易出错，并不是不知道如何作答，而是我们过于心急，没有弄明白题干的意思就开始作答，结果一做就错。如果我们养成细心审题的习惯，就可以大大降低做错的概率。那么，如何才能做到这一点呢？

第一，专注地看。我们在做题时，首先要全面、细心地看题目，特别要注意题目中的关键字、数据、图表等，获得对解决问题有帮助的信息。在看题过程中，要保持专注，

一边思考一边联想，将题目中所涉及的知识点弄清楚，真正做到心中有数。

第二，认真地读。默读有利于我们更好地获取题目中的信息，还能有效地防止我们出现看错、看漏等现象。当我们做题时，要一边看，一边默读，逐字逐句反复研究，默读的目的就是挖掘出题目中的隐含条件，还其“庐山真面目”，寻找解决问题的正确途径。

第三，审题要准。我们在审题的时候要看清这些题属于哪些知识范围，要明确考的是课本上的哪个知识点，弄清这道题与过去做过的题有哪些不同的地方，分析出题目的关键点，找到解题方法。

无论是在考试还是平时的练习中，掌握审题技巧都是至关重要的。养成良好的审题习惯可以帮助我们更好地理解题目。审题是一个不可忽视的环节，需要我们给予足够的重视。

高效学习法

三遍读题法

读题前要先通读题目，理解其中的意思。一般来说，读题最好读 3 遍。

第一遍：要通读，一边读题，一边用笔勾画出重点，以便大致了解题目。

第二遍：要精读，一定要看清题中的关键字、词、句，特别是数学术语或重点字词，如“同样多”“多一些”等。

第三遍：做完题之后，再次阅读已知条件，验证自己是否真正理解了题目的意思。

15 Day 做题要按先易后难的顺序

在考试的时候，洋洋总是会先选择一些比较难的题目解答，因为她觉得，只要解决了难题，剩下的就轻松了。考试时间到了，洋洋在难题上耽误了太多时间，简单的题目还没有答完。

考试是对自我的一种检测，要想应对考试，不仅要有一个良好的心态，还需要合理安排自己的时间。洋洋在考试中对时间安排不当，导致漏掉了很多题。我们有时也会像洋洋一样，以为先解决难题就能扫清障碍，但这样做往往忽略了时间紧的问题，影响了成绩。在考试中，如何合理安排时间呢？

第一，把握基础题。在平时学习的过程中，我们要把老师所讲的重点牢牢记在心里，在考试时注重基础题的解答，确保整体优势。难题是对我们的挑战，我们应在熟练掌握基础知识的前提下研究和攻克难题，但不要钻牛角尖。

第二，先易后难，合理安排时间。考试中，一定要从简单的题开始做起，不要一上来就直接去做难题。实践证明，从简单的题开始解答，可以增加信心，并让我们更好地掌握时间，为后面的题目留出足够的时间。

第三，跳过“啃不动”的题目。在考试的过程中，有些题目的难度可能会比较高，我们不要遇到一两道做不出来的题就纠结。通常情况下，如果在做一道选择题时已经思考了五六分钟还没有找到解题方法，那就应该考虑放弃这道题了。我们可以先跳过，说不准在做后面的题目时，会有一些思路和启发。一旦脑海中有了思路，就要立即回头解答之前跳过的题目，切勿拖延，以免耽误时间。

高效学习法

疑难标记法

卷子上的题目很多，我们做完全部题目后，用来检查的时间往往是有限的。在做题的时候，对于自己不确定的题目，可以在题号上做个标记，检查时可以跳过确定的题目，把重点放在有疑问的地方。

做记号时应该详细，比如选择题中，确定有两个选项是错误的，那么你可以先划掉这两个选项，在回头检查时，重点关注另外两个不确定的选项，这样能有效地利用考试时间。

对于语文阅读题，如果我们不确定答案，可以在文中标出一些关键句或关键词，只要弄清文章的主旨，问题自然就迎刃而解了。

16 Day 规范答题，考试不丢分

小刚的语文试卷字迹潦草，龙飞凤舞，很难辨认，以至于阅卷老师根本看不出小刚所写的内容到底是什么。

如果我们的试卷像小刚一样字迹潦草，是不可能拿到高分的。阅卷老师看不清、看不懂，就等于没有回答或者答错。因此，写字龙飞凤舞的同学，考试前一定要重视这个问题。如何才能做到规范答题呢？

第一，字迹清楚、卷面整洁。我们在答题时一定要清晰地书写，这样阅卷老师就能看懂写的是什么，不至于误解我们的意思。同时，保持卷面整洁、格式正确也十分重要，给阅卷老师以美的感受，从而获得良好的“第一印象”，让阅卷老师以愉悦的心情批改我们的试卷。

第二，答案简明扼要。考试中，我们在做大题时，不要认为写得越多越好。阅卷老师是根据观点（得分点）来评分的，我们只要做到简明扼要，将所有得分点都写全即可。

高效学习法

背诵参考答案法

很多时候，我们会做的题不一定能全部做对，答对的题也不一定能得满分。其中一个重要原因是答题不规范，答案表述得不够清楚。所以，我们可以通过背诵参考答案来改善这个问题。特别是在语文学习中，对于一些常见题型，我们可以适当背诵参考答案，理解其中的思路和表达方式，并在答题时模仿，提高自己答题的规范性。

17 Day 灵活应对语文阅读题

语文考试成绩出来了，晶晶的成绩不理想。她会做选择题和古诗词背诵题，而对于阅读题，晶晶觉得太难了，不知道从何下手。

阅读理解题是我们最容易失分的一种题型，因为它没有唯一的答案，只有回答是否贴题之分。所以，在做这类题目时，我们需要掌握一定的方法来提高自己的分值。那么，如何应对语文阅读题呢？

第一，了解阅读理解的通用答题步骤。在做阅读理解题时，我们要先了解阅读理解的通用答题步骤。首先，通读文章，了解文章的主要内容和中心思想；其次，认真读题，理解题目的意思，并明确题目的要求；接下来，带着问题复读文章，找到问题对应的段落或词句；最后，认真地逐题解答，确保语句通顺，内容完整贴切。

第二，掌握阅读题的答题技巧。阅读题有很多答题技巧，我们可以从试题的分值中推测答题的要点。例如，一道题的分值是 3 分，那么答案可能就有 3 个要点，一个要点对应 1 分。在做题时，我们要时刻记住“从原文中寻找答案”。大多数题目的答案都可以从文章中找到。当然，有些语句不一定能直接使用，还需要根据题目的要求进行加工，或者摘取词语、抽取要点、重新组织。

第三，掌握修辞手法。阅读题经常会考到修辞手法的运用，常考的题型有：询问文中画线句子采用了什么修辞手法；根据修辞手法，仿写句子；判断某种修辞手法的作用。在小学阶段，常见的修辞手法有比喻、拟人、排比、夸张等。我们要掌握修辞手法的作用，这样解答题目时才能得心应手。

高效学习法

把握文章主旨

一些学生之所以觉得阅读题很难，其中很关键的一个原因就是没有把握文章主旨。如何把握文章主旨呢？

第一

通过分析文章的题目，可以清晰地了解文章主题。

第二

文章的开头和结尾通常会明确表达出文章的中心思想。开头部分往往用来总领全文，而结尾则用来总结全文并点明中心思想。对这些开头和结尾进行分析，有利于准确概括文章的中心思想。

第三

关键句能够体现作者写作的目的，也能直接点明中心思想。在平时的阅读训练中，把握好关键句，做阅读题就会轻松许多。

18 Day 沉着应对“记忆堵塞”

小奇平时学得挺认真，复习得也很全面，可一上考场就蒙，大脑一片空白，有时候甚至会卡在第一道题上。

有时我们会在考试中遇到“记忆堵塞”，不必过于担心，不妨尝试下面几种方法。

第一，保持镇定。当发生“记忆堵塞”时，我们可以闭上眼睛，深呼吸几次，放松身体，这样有助于平复情绪，提高思维的清晰度。

第二，利用试卷中的其他题目。知识与知识之间是有关联的，如果某个知识点或者问题实在想不起来，不要纠结于此，可以先跳过，后面的试题也许会给你提供一些线索或启发。

高效学习法

联想法

如果我们在考试过程中发生了“记忆堵塞”的现象，千万不要慌乱，一定要保持冷静。我们可以通过回忆老师讲课时的情景来帮助自己记忆，搜寻与所忘知识有关的线索，并迅速写在草稿纸上。主要从以下几个方面展开联想：

1. 以前是否做过类似的题目，我当时是如何解答的呢？
2. 题干给出的条件或者图形是否似曾相识？在哪些试题中见过呢？

3. 题中给出的条件之间是否有联系？
4. 与这个问题有关的知识点有哪些呢？

19 Day 遇到难题怎么办

欣欣平时学习十分认真，考试之前做好了充足的准备，但在考试中总会遇到那么几道难题，这该怎么办呢？

考试中经常会遇到不会做的题，有的同学一遇到不会做的题就蒙了，有些心态不好的同学脑子里就会一片空白。在这种情况下，如果应对不好，会影响我们的发挥。遇到难题时，可以尝试以下方法。

第一，保持冷静。遇到难题，如果我们处于紧张或焦虑的状态时，思维就会受到干扰，影响我们的判断力。我们应该深呼吸，心情要保持平静。

第二，一边做题，一边思考。遇到难题时要认真审题，找到题中的关键信息，理解题目的考查点。如果暂时做不出来，千万不要钻牛角尖，可以先跳过去，在后面做题的过程中一边做一边思考。说不定，在做题过程中就有思路了呢。

第三，不要一字不写。如果实在想不出来，也不能一字不写，选择题可以猜一个答案；对于计算题，则可先将自己的思路写下来，能写多少是多少，阅卷老师都是按采分点给分的，只要思路合理，都会给分。

考试时遇到难度大的题，心态非常重要，要保持冷静和自信，相信自己能够克服难题。如果确实无法解决难题，就应该放手，将时间用在解答其他题目上，确保会做的题不丢分。

高效学习法

破解难题的方法

考试中，我们遇到难题，有些同学会选择空着不做，这种做法不可取。考试最忌讳的就是交白卷。试想一下，假如你是一名判卷老师，当你看到一份空白卷时，你会不会毫不犹豫地判 0 分呢？如果看到试卷上有内容，还能给 0 分吗？你是不是要仔细看一看答案是否正确，要给多少分呢？所以我们切记，不可交白卷。那么对于那些难题，我们该怎么办呢？

考试的评分原则是“采点给分”。数学考试中有一些综合题目是由几个小题组合起来的，我们答题时需要将这类难度较高的题目拆分成若干小题。这些小题之间是有联系的。我们要把握上一个小题与下一个小题之间的联系，从这种联系中寻找出题人的出题思路。

对于选择题，四个选项中总有三个是出题人设置的“障眼法”，我们一定要把隐藏在题目中的那个答案“挖”出来。要注意把握关键词，准确理解题干的意思，然后看选项，先去掉表述错误的选项，再去掉表述正确但不符合题意的选项。

20 Day

考场上要学会打草稿

亮亮觉得“打草稿”三个字说起来很简单，但是做起来很困难。每次考试，亮亮的草稿纸要么乱成一团，要么涂涂画画。

在考试的时候，监考老师会分发试卷、答题卡和草稿纸。草稿纸也是试卷的一部分，所以我们必须有效利用。很多同学都忽略了草稿纸的作用，甚至一些同学和亮亮一样，把草稿纸写得一团糟，这在很大程度上和我们的学习习惯有关。打草稿可以让我们形成良好的书写、演算习惯，可以帮助我们提高写作能力，培养逻辑思维能力。如何养成打草稿的习惯呢？

第一，重视草稿纸。许多同学认为打草稿是浪费时间的行为，没有必要，这是错误的想法。当你正在计算时，如果不使用草稿纸，很容易忘记计算的步骤，导致计算错误。我们在计算时打草稿，能有效保证计算过程和结果的正确性，尤其是解答应用题等需要多步计算的题型，打草稿就更重要了。所以我们要认识到草稿纸的重要性。

第二，从日常点滴抓起。学习习惯不是一蹴而就的，所以必须从日常学习的点滴抓起。在上课前，我们要把草稿纸、课本、作业本一起拿出来，使它成为课前准备的必需品。通过这样反复督促，慢慢养成好习惯。

第三，学会正确打草稿。为了保持草稿纸的整洁及确保书写规范，我们应按照从左至右、从上至下的顺序书写。在草稿纸上，应注意书写清晰、规范，特别是易出错的数字和符号等。在草稿纸上标注序号，这样在验算和检查时会非常便利。

高效学习法

划分区域法

草稿纸作为试卷的一部分，如何高效利用它呢？下面给大家介绍一种打草稿的方法——划分区域法。

1 分草稿

折叠草稿纸，将草稿纸分成 9 个区域，展开有明显折痕就可以。

2 标题号

在每个区域内，标好题号，这样可以一目了然，也方便自己查找。

3 按顺序打草稿

有的学生在打草稿时喜欢挑空白的地方，以至于各个区域都有草稿，这是错误的做法。正确的做法是按照顺序打草稿，我们在写计算题的时候，一定要写清步骤，这样检查时才能看清楚。

21 Day

学会科学地检查试卷

期末考试时，小天只用了 40 多分钟就做完了题，他答完试卷后，开始做各种小动作，期待着自己能得高分。但试卷发下来后，小天的成绩很不理想。

小天因为没有认真检查试卷，在考试时栽了一个大跟头。在考试的过程中，做题很重要，检查试卷同样重要。检查试卷就像是打扫战场，每次考试都不应该忽视。那么，检查试卷应该注意哪些方面呢？

第一，试卷发下去后，有些同学将注意力都集中在试题上，然后就忘了填写自己的名字和学号。检查的第一个重点就是名字和学号，还要检查答题卡上是否有漏涂、错涂的地方，填涂的信息是否清晰，卷面是否整洁。

第二，要检查一遍试卷，看试卷的反面有无遗漏的题目。还要检查自己是否按要求答题了，例如，有些题目要求做标记，如圈出关键词、勾画出重点等。检查一下是否按照要求进行了标记，以免丢分。

第三，检查时要分清先后顺序，先处理那些自己遗漏或者暂时跳过的题目，即使真的不会做，也不要空着，可以选择一个答案先填在那里。然后按照题目的顺序逐一检查，检查解题的思路和方法是否正确，检查是否写了单位，检查计算的结果是否正确，检查填空题有无错别字，检查英语单词拼写是否正确。检查英语作文时还要注意时态等问题。

检查试卷是为了纠正错误和补充遗漏，我们需要保持冷静和仔细的态度，不可草率。

高效学习法

实用的检查方法

很多同学做完试题后，都不认真检查试卷，不是“发呆”，就是“开小差”，有的甚至还在草稿纸上画画。今天给大家介绍几种简单且实用的检查方法。

垫板检查法

考试时带一块白色的垫板，做完题检查时，用垫板遮盖试卷，逐行往下推移。露出一行，看一行。这样检查的效果最好。

逐步检查法

从审题开始，一步一步地检查，发现问题立即纠正。这种方法往往不能发现解题思路上的根本性错误，但可以检查出计算和表达上的一些错误。

结果代入法

在数学考试中，我们可以将结果代入公式，看看是否能得出原题所给的已知量。

我的 21 天学习体验

经过这 21 天的学习，你一定有不少收获吧！把自己的学习体验在下面写一写，看看自己有哪些收获、哪些不足吧！

我的收获

我的不足